禪學真義

THE TRUE MEANING OF CHAN

東初老和尚 著

自序

這幾篇有關闡揚禪學的文稿，除第一篇〈叢林制度與禪宗教育〉，是一九七四年十月間應佛光山「東方佛教學院」邀請為該院學僧所講，其餘三篇中有兩篇都在《中央日報》副刊發表過，還有一篇是為慶祝《菩提樹》雜誌十週年而作。這三篇同係一九六九年夏間所寫。因為那一年歷史學家錢穆教授在臺北市善導寺講《六祖壇經》大義，本屬通俗講演，並未涉及考據《壇經》真偽問題。旋因旅日楊君撿拾胡適之先生的餘唾，在《中副》發表文章，說《壇經》係神會創作，遂與錢穆教授反覆爭議。在此佛學低潮時期，學者如錢穆教授能公開提倡佛學，凡屬佛教徒頌揚還來不及，怎可存心吹毛求疵？《六祖壇經》，又是禪宗史上重要的寶典，這一個問題對於佛教關係太大，對於讀者不能沒有一個明正的交代。筆者不揣譾陋及於五月二十九日在《中副》發表〈論禪學之真義〉，及七月十九日發表〈再論禪學之真義〉。見仁見智，雖各有不同，但真理不辯不明。而《壇經》真偽的問題，不特與中國佛教思想史及禪宗命脈有極大的關係，且對中國文化思想史更有著重大的影響，當時曾引起學術界普遍的重視！

這次在佛光山講稿，因為油印模糊不清楚，內多錯字與脫落，幾乎無法閱讀。因之，把以往有關闡揚禪學三篇文稿檢查出來，一併編入，定名《禪學真義》，以供讀者參考。本人對於禪學並沒有什麼研究，雖在禪堂裡打過混，吃過放參，受過棒喝，只因業識重重，對於向上一著，仍未有過入處。

一九七五年二月二日東初自序於陽明山北投本館

目錄

叢林制度與禪宗教育

——在佛光山東方佛教學院

在兩年前，你們院長就約我來，要我為你們說法。因為我已經年邁了，即在社會教育制度上也該到退休的階段。同時，五、六年前，曾患過一次顏面神經疾，至今說話都感覺不自如，而氣力又不足，不能多講話，所以一直未能來。今夏你們院長又約我來，而且態度十分懇切，由於他的盛意殷切，不得不來和諸位見見面。其實，我對於佛法知道的仍屬有限，而我與諸位在對時代思想感受上，無可否認的，是有相當的距離。我所講的話，未必能適合諸位的口味，唯恐會使諸位失望，這是我要聲明的一點。

一、院名釋義

今日我要講的題目，就是「叢林制度與禪宗教育」。不問佛光山是否依照叢林制度而設教，或採用叢林制度以調眾，但叢林制度在中國佛教史上一直居於領導地位，真正代表中國佛教家風的，也唯有叢林制度；不僅此也，並且代表中國佛教傳統教育的精神。所以今日提出這一個題目來與諸位談談。諸位都是「叢林大學」的學僧，對於代表中國佛教傳統教育精神的叢林制度，確有了解的必要，在五、六年前，你們院長購買了這塊山坡地，計畫要開闢道場、擴充學院。同時，你們院長一心一意要為佛教樹起一個大專學院的招牌，要我為它選擇一個名稱。大專學院在佛教雖屬創舉，但佛教所辦的「佛學院」，要依社會教育的體制來說，等於社會大學院校。而佛學院所授的大乘經典，無論於析理方面，或思想的啟發，都屬於最高哲學的理論，這是社會有識之士所共認的，所以「佛學院」的學歷，並無遜於一般社會大學。同時，「佛學院」屬於一種特殊教育（宗教），不受教育部的限制，其名稱的選擇，比較自如，因之，我就為它取了現在這個「東方佛教學院」的名稱。

當時你們院長對於這一個名稱非常滿意，認為既高雅，又符合佛教的立場，就這樣做了決定。但我們何以要選擇這樣的一個名稱呢？從來不曾有機會對諸位講過，現在不妨來與諸位談談。

近代人對於世界文化的劃分，往往慣用東方或西方，或說東洋與西洋，或曰東半球與西半球，其實，這些區分，都嫌十分勉強，因為地球是圓型，沒有固定的方向，指東說西，或指西說東，原是隨各人立場而定的。

就東西文化而言：東方是屬於精神的文化，故重視人性；西方是屬於物質文化，故重視物質。重視人性的文化，更重視人的心靈發揚者，當以佛教為主要。

我們知道中國與印度，都屬東方文化的領域，中國文化，是以儒家孔孟學說為正統。雖有二千五百年的歷史，但文化光芒，仍以中國領土為主要，三韓、日本，及越南諸邦，雖曾受中國文化洗禮，但仍屬有限度的化育。印度號稱五千年文化，其以婆羅門教為主流，但其影響所及，仍未越出印度大門。唯有後起之佛教，雖起源於喜馬拉雅山麓的王國——尼泊爾，但在印度阿育王時代，派遣九師分向國外傳教，西至地中海，南至錫蘭島，北越罽賓，經蔥嶺東傳中國，輾轉傳至三韓、日本。印度第三期密教，經尼泊爾傳入西藏、蒙古、滿洲。於是整個亞洲地區，都有僧侶傳播佛教福音的足跡。至此，佛教成為亞洲民族信仰的中心。今日亞洲信仰佛教的人數，至少在五億人以上。因之，佛教在東方，猶如基督教在西方，故以佛教代表東方文化，最為適當，此其一。

就民族文化而言：所謂中國文化，包括二千五百年儒家文化及道家文化和二千年的佛教文化，佛教經過魏晉南北朝之融合儒、道兩家思想而成為中國文化之總體。要以傳播而言，魏晉以後，道家文化，早經附屬於佛家和儒家。而儒家文化，其化育所及，僅限於內陸漢族地帶及部分同化的滿族。而佛教文化，其化導所及，偏及內陸漢族及邊疆滿、蒙、藏廣大地區。尤以蒙、藏兩族，元、明以後，不僅以佛教為文化，並以佛教為治世的正道。因此，佛教於邊疆地區，其化育地區之大，超過內陸地區數倍。邊疆地區民族的複雜，多達數百種，語言不同，風俗各異，文字發展又遲，其強暴好鬭的性格，猶如上古的蠻蕃。千年來，邊疆民族，其所以能和平順乎自然的程序，歸化而成今日中國之大者，並非我國軍事力量的征服，亦非金錢財力的收買，更非政治勢力的說服，全賴佛教慈悲和平同化力所感召。故佛教與邊疆民族悠久密切之關係，尤甚於儒家與漢族之關係。所以佛教不僅代表漢、滿、蒙、藏、回（在新疆發掘回文佛經，足以證明回族中亦有信奉佛教者）五族文化，並可代表亞洲多數民族的信仰，故以佛教為東方文化代表，最為適當，此其二。

因為這種的特殊關係，故命名為「東方佛教學院」。所以今後，「東方佛教學院」不特要發揚佛學的奧義，並要發揚亞洲各個民族的精神以及語文、習俗、人種、地理與佛教的各種關係，這有助於亞洲文化繁榮及永遠的安定與和平。

兩年前，你們院長認為「東方佛教學院」，這個名稱還不夠刺激，似乎不足以表揚他的抱負，同時，為了提高諸位的學歷，乃擴充為正式大學，命名為「叢林大學」，這個名稱更具有深刻的意義。在表面上說，「東方佛教學院」與「叢林大學」，同屬大學院校的地位，並無優劣之分，只是名稱稍有區別。「東方佛教學院」是就佛教文化立場而言，是屬外表的，是綜合儒釋道三家文化及印度思想，針對西方文化而言。而「叢林大學」則純就佛教制度而言。因為叢林制度在中國佛教教育史上，居於極重要的地位，它不僅保持了佛教傳統教育精神以及戒律典型的生活，並使佛教徹底成為中國化的禪宗，達到最高峰，而對中國思想及文化史上有其不可磨滅的成就和影響，以及產生宋明理學。所以，真正支配中國文化思想的也唯有禪宗。

中國文化素以儒家為主流，而以天下為公，世界大同為目的；相沿數千年，這個崇高理想的社會，始終未能實現。直到唐朝，卻在佛教叢林制度裡出現了一個類似天下為公的社會。這裡所謂「叢林」，並非是研究造林或是畜牧的事業，乃取其譬喻的意思。換句話說，凡是許多草木聚會的地方，就叫作叢林；現在集合許多有志之士於一處，修學佛法，受佛法化雨潤育而成長繁榮，故喻之為叢林，這個叢林並非專指一寺、一廟而言，卻是社會的別名。所以叢林寺院，不特為陶養聖賢的場所，並為佛教最潔淨、最高尚、最莊嚴、最和樂的社會。因為這裡所住的僧眾，具體稱為僧伽，譯成中文名「和合眾」，具有六種意義。並且真正的在推行「身和同住，口和無諍，戒和同修，意和同悅，見和同解、利和同均」之天下為家，師道尊嚴的社會典型。所以叢林制度在形式上，是屬於佛教僧團的制度，在精神上，即具備了儒家〈禮運大同篇〉「天下為公、禮樂為主」的生活精神。

由此觀之，「東方佛教學院」，是以文化為主，屬於知的方面；「叢林大學」，是以制度為主，屬於行的方面，由是而達到解行並重、知行合一的目的。所以今後佛光山不唯要發揚佛法微妙的真理，並要力行僧團主義，以此去改善社會、經濟、政治的風氣，而實現〈禮運大同篇〉、「天下為公」以及佛家清淨、莊嚴、和樂的人間淨土。因此，這兩個名稱宜乎合併為一，等於一個人只有一個姓名，不得有兩個姓名的道理相同。

二、佛教中國化的起源

凡是一種宗教或是一種學說，未有不受所在地國家文化風俗的影響。中國本為黃老文化的天下，佛教傳入後，若以一個外國宗教欲在中國生根，務必要與中國文化、民俗、習慣相融合才行。因此，在漢魏時期，佛教大德積極地將佛法與中國文化相融合。三國時期的牟子首著《理惑論》，倡導儒釋道融合，並舉出三十七條理由，奠定佛教中國化的基礎。儒釋道三家融合的遺風，一直到現在仍未消失。佛教和儒教、道教互相吸取，在歷史上有兩個時期：第一、魏晉時代是中國老莊學術思想最盛的時代，佛教高僧於當時引證老莊清談格義來解釋佛學，如僧肇（三八四—四一四年）、道生（三五五—四三四年）、慧遠（三三四—四一六年）、法雅……等，無不融會貫通老莊玄學思想，僧肇以佛家的「空」和老莊的「無」相併互用，發揮佛教教義。因此，佛教在這個思想複雜的時代，得以生根，而使佛學玄學化。第二、降至兩宋，而有新儒學產生，若程朱、陸王等，雖反對佛教，但為承繼儒家的道統，不得不吸收佛教禪宗思想，以充實儒家思想的內容，遂使儒家禪學化。這是儒、釋互相吸取的兩個例證。

㈠叢林清規的由來

佛教在印度是以自由生活的型態遊化人間，因為印度地處熱帶，人們衣食很簡單，當時的衣著，只用一塊布裹在身上，到現在，傳統印度人還是如此，女的從頭至下就是一塊長布，男的比較短，裹在身上，根本不穿褲子，所以印度人不穿褲子，並不稀奇。佛教因受印度風俗的影響，所以佛制比丘「三衣一缽，日中一食，樹下一宿」，過著簡樸的生活。談到乞食制度，也非始於釋迦牟尼佛，其他宗教僧侶，亦都以「一日一食，夜宿樹下」為習慣。佛教的僧侶，既沒有固定的食處，也沒有固定的住處，一缽千家飯，逍遙自在。出現在佛教經典上的，只有祇洹精舍和竹林精舍，這是當時國王大臣與大富長者興建，供給佛陀及諸大弟子遊行人間，臨時說法的場所。許多大乘經典都在這兩處精舍所說。佛陀所以制定比丘樹下一宿，日中一食，就是要斷除諸大弟子對事物的貪念。因為對事物有了貪念，就直接影響修道的精神，所以只准樹下一宿，日中一食。印度所謂廟就是塔，就如菩提伽耶塔，又稱為廟，專供佛陀舍利，沒有住人的餘地。

在佛制律儀制度中，雖沒有叢林清規明文的規定，但佛說法常採取叢林為譬喻，如「喻僧坊為眾僧所止之處，行人棲心修道之所，能生植道芽，趣登聖果，福利群生也。」（見《百丈清規證義記》卷一）

佛說法經常以草木為喻，散見各種經律中：

(1)《華嚴經．離世間品》頌曰：「菩薩妙法樹，生於直心地，信種慈悲根，智慧以為身，方便為樹幹，五度為繁密，定葉神通華，一切智為果。」

(2)《法華經．藥草喻品》，亦以卉木叢林喻隨機受化，所謂「大根大莖，小根小莖」。

(3)律中凡四僧已上，乃至百千，同住一處，作法辦事，如水乳合，皆名「叢林」。推以比丘而稱為苾蒭者，印度說這種草具有五德：一、體性柔軟。喻僧定德，折伏身心，不致粗獷故；二、引蔓傍布。喻僧慧德，傳法度人，綿延不絕故；三、馨香遠聞。喻僧戒德，戒香芬芳，為眾所重故；四、能療疼痛，喻僧解脫德，能斷煩惱，毒害不起故；五、不背日光。喻僧解脫知見德，常向佛日，智慧光明，解脫一切邪見邪業故，故比丘稱苾蒭也。（見《百丈清規證義記》卷一）

由此觀之，比丘二字，不是一個泛泛的名稱，卻具有多種的德義。一般佛教徒眾往往認比丘為一普通稱呼，實屬錯誤！現在人喜愛尊稱「法師」，或曰「大師」，要以其所具的德義，這三者之間，並沒有多大的距離，更沒有高低之分。

所謂「清規」，並非始於百丈禪師，佛制各部律儀中亦含有清規的意義。

(1)《根本說一切有部百一羯磨》卷第十：佛言：「且如有事，我於先來，非許非遮。若於此事順不清淨，違清淨者，此是不淨，即不應行；若事順清淨，違不清淨者，此即是淨，應可順行。」

(2)《四分律》卷第五十四謂：「是佛所不制，不應制；是佛所制，則不應卻。」

諸如此類，不僅具有清規的意義，且為僧眾應當遵守者。

(3)《梵網經菩薩戒本》謂：「請僧福田求願之時，應入僧坊問知事人，今欲請僧求願，知事報言，次第請者，即得十方賢聖僧。」

所謂「僧坊」，即僧眾住所，亦即「叢林」意思，所謂知事人，即「叢林」中執事。應次第請者，即具有「清規」之意。

由此觀之，叢林清規的淵源，乃從律儀制度演變而來。律儀是佛所制，是佛教僧團制度的根本。

佛教未傳入以前，中國也沒有佛廟。所謂「寺」，乃是政府招待外賓的機關。例如漢唐時期的太常寺、鴻臚寺。佛教傳入後，首於洛陽建立白馬寺，供給西域東來摩騰

（？—七三年）、竺法蘭兩位梵僧居住。這是中國佛教第一所佛寺。因此，後來中國人便把佛廟和僧眾居住的地方，叫作寺廟。住的人叫作「和尚」，或曰「僧伽」，中國人因之稱和尚，名曰「僧」，甚至把僧當為和尚的姓，實是以訛傳訛的說法。

在魏晉南北朝時期，西域東來的梵僧，源源不絕，中國出家人也日見其多。這些僧眾，起初都是依靠信眾及政府供給食住，但是日子久了，食住逐漸發生問題，便發起建立寺廟，安居僧眾，依佛制律儀制度生活。因為中國素以農業立國，政府與社會人士都重視農業生產，而專事乞食不事生產的僧眾，自然會引起政府及社會知識分子的不滿。南北朝時代幾次發生反佛的事件，便是一顯著的例子。

㈡佛教中國化的開始　佛教經過魏晉南北朝五百餘年的傳譯，到了隋唐便發生極大的變化。在思想上，佛教早經與老莊玄學及孔孟仁義思想融會。晉代僧肇、道生、慧遠、法雅等高僧，都是引用莊子清談格義來解釋佛學，不僅使佛學中國化，並使其玄學化。從南北朝直至北宋，是儒家入於睡眠時期，社會聰秀青年，都歸向佛宗。自此第一流思想家便是佛教的高僧，捨去佛學而外，便無學術可言。於是在佛學理論及僧眾生活制度，都發生革命性的變化，足以影響日後佛教的慧命，對於社會知識分子發生極大的啟迪作用：

第一、在佛學理論方面：有智者（五三八—五九七年）以五時八教及法藏（六四三—七一二年）以五教十宗解釋如來一代時教。前者稱為天台宗，以《法華經》為主，後者稱為華嚴宗，以《華嚴經》為依。把淵博繁雜的佛學理論，開創成一個有系統的修證法門。這不唯有助於學佛者的研究，更有助於佛法真理的宣揚；智者大師天台止觀、法藏大師華嚴理事無礙法界觀的整理，實為佛教中國化最大的成就。其與六祖惠能（六三八—七一三年）於般若直觀的成就，幾乎完全相等。智者、法藏、惠能在心靈上達到最高峰，不僅在中國，即在世界學術史上也是無可比擬的。

第二、在佛教制度方面：馬祖道一（七〇九—七八八年）和他的得意弟子百丈懷海（七二〇—八一四年），創立禪宗制度。他們創立叢林制度的本意，不特是要改變佛教東來僧眾乞食的生活，並創建了中國式叢林制度。依照中國農業制度而集合僧眾，從事開墾生產，並以自修互助集體生活的方式，一面修道，一面生產，開創禪宗寺院規模。百丈訂立清規，奠定僧眾自食其力，及「一日不作，一日不食」的風範。

禪宗在唐末五代期間，偉大的禪師一個接一個出世，使得禪學如狂風一般，風靡全國，雖貴為天子，以及名臣碩儒，無不傾仰禪風，若中宗、睿宗，都受過禪學的陶冶；若裴休、白居易、韓愈，也受過禪門的棒喝，於是禪宗成為盛唐佛教的中心。五代以後，宋明幾位大理學家，無一不與禪宗打過交道，即在教學風格上，書院的規模，也都受叢林制度的影響。因此唐宋以來，真正支配中國知識分子人格精神的，只有禪宗。其他宗派除了淨土宗以外，別無可舉。

第三、在僧眾衣冠方面：馬祖創叢林，百丈立清規，既改變僧眾生活方式，則僧眾亦不得不放棄印度原有的三衣一缽的外形，改著唐朝的衣冠，即今圓領方袍的僧裝。至此，佛教在中國，不唯思想中國化，即在外表服裝上，也完全中國化了，一律改著唐服——圓領方袍——這是中華民族傳統的衣冠。

當滿洲人入關，明朝政權瓦解。滿洲人要大漢民族拋棄五千年來傳統的衣冠，披上滿洲人長袍馬褂，男的要打辮子，女的要穿旗服，這是對漢族極大的侮辱。因此明朝的遺民，誓死要恢復傳統的衣冠，拋頭顱、灑熱血，不知做了多少壯烈犧牲。若朱舜水、王船山、顧亭林等知識分子，誓死要保存大漢民族五千年傳統的衣冠；以致朱舜水逃亡日本，王船山潛入山洞，顧亭林東躲西藏。鄭成功據守臺灣，而明朝的王裔眷屬為了保存民族的衣冠，寧可剃除頭髮做和尚（因為當時有句「俗降僧不降」的規定，特准和尚仍保持圓領方袍唐式的服裝），也不願穿滿洲人的長袍馬褂。由於特准和尚保持了唐代服裝，所以，中華民族五千年傳統衣冠，民族的服裝，明朝以後，便由佛教僧侶獨力承繼下來。有些民族意志堅強的人，生前不能著漢族衣冠，但至死時便要穿著漢族的衣冠入殮，若吳梅村等，這種臨死不屈的民族精神，足以為千秋的式範。民國誕生，雖推翻了滿清專制政權，恢復了大漢民族的主權，但大漢民族五千年來傳統的衣冠，仍未見恢復。今日我們要復興中華文化，首應恢復中華民族傳統的衣冠。要知，恢復中華民族傳統的衣冠，並非復古，乃在振興民族傳統的精神。因為一個民族的衣冠，不特表示一個民族傳統的精神，亦復為悠久禮儀的道統。所以現在世界各國盛行民族舞蹈會，不唯寓有民族歷史文化教育的意義，並藉此喚起一個民族傳統精神的再揚。我國每年九月二十八日舉行祭孔大典，不論樂器、供具、舞蹈、程序以及主祭人等一一都要合乎孔子時代的禮儀制度，這表示我國是具有悠久歷史、文化、禮儀、道德的國家。唯一令人感到遺憾的，就是主祭人其所著的服裝，既不是孔子時代的衣冠，乃是長袍馬褂，滿洲人的服裝！

今日在國內捨去佛教僧侶，就無法窺見三代民族的衣冠，佛教僧侶幾乎成為唯一承繼民族衣冠的典型象徵。凡我佛門同道，應以著此大漢民族的衣冠，引為殊榮。

我國雖為泱泱大國，具有五千年文化的道統，反不及一個落後地區的中東阿拉伯民族及為我國文化所同化的日本，這兩個國家，都能保持它們傳統民族衣冠。

以日本來說，上自天皇，下及百姓，每逢國家大典或男女結婚，宗廟祭祀，都要穿著大和民族傳統的和服——唐服。阿拉伯民族不論國家元首，或宗教領袖，無不以著阿拉伯民族傳統衣冠為榮。反觀我國今日應以何種服裝為民族代表的衣冠——禮服？西裝自不必說，就是長袍馬褂，也是滿洲人的服裝，我們既然推翻了滿清政權，理應恢復大漢民族的衣冠，以喚醒民族的靈魂，以撫慰為恢復大漢民族衣冠做犧牲的先烈在天之靈，無論怎樣的解釋，都不應承繼滿洲人的衣冠，這是值得國人研究與深思的一點。

一個民族的衣冠不僅為一個民族外表的標幟，且代表著民族進步的象徵。因此，衣裳不唯為遮蔽身體，用取溫暖，並且更表示一種禮儀、政治及制度。所以，凡迎接佳賓，必先整齊衣冠，以示禮儀之邦或文明先進的民族。《易經．繫辭》說：「黃帝、堯、舜垂衣裳而天下治。」治天下的方法很多，何以要舉「垂衣裳而天下治」？因為我國文化發源北方，北方的氣候比較寒冷，所以黃帝為利益國民，首先造屋宇、製衣裳，而衣裳不僅為了禦寒，並有表德勸善的功用及用別尊卑的意義。古代衣裳盛行繡繪，故曰：「尊者繪衣，卑者不繪衣。」凡衣上曰衣，下曰裳，上衣玄，下衣黃，間亦有其他色。黃帝做冕，為君主專用之禮帽，但普通人民亦皆戴帽束帶。古代二十歲為成人，行加冠禮，故曰「弱冠之年」，中國人自古稱為「冠帶之倫」，以別於野蠻民族。

當中國人講究禮儀衣冠制度已達數千年之久，而鄰國的人民有的還過著赤身裸體的生活，甚至有的民族還以窰洞為家，日本因吸收唐朝文化，故以唐服為大和民族傳統的服裝，迄今保持不變，引以為榮。當第三世紀初（二二五年），孫權派遣康泰、朱應出使越南三邦，首至柬埔寨，當時柬埔寨人尚沒有衣服制度，赤體露胸，唯婦女著貫頭布；康、朱目睹該國人民這種野蠻生活，表示不以為然。因此，該國國王范尋為尊重中國使臣的指導，始通令全國人民不論男女皆穿橫幅。橫幅，今言干縵，也就是馬來人說的「紗籠」。由此可知，我們的鄰國知有衣裳可穿，還是受中國使臣開化所致。

三、禪宗幾位大教育家

唐朝為中國文明極盛的時代。禪學雖由菩提達摩（？—五三五年）把它傳來，但經過中國人思想把它融化而徹底成為中國化佛教特質之一。假使沒有六祖惠能及追隨他的幾位大弟子，相繼發揮，也不會達到登峰造極的地位。從唐朝中葉到宋末，約六、七百年間，中國天才禪師一個接一個的出世，使得貴為天子的皇帝屈膝，高傲的儒家回心向大。就中要以馬祖道一和他的得意弟子百丈懷海，最為傑出。馬祖和百丈不僅為禪宗最偉大的禪師，也是佛門最偉大的教育家。他們的一言一行，不僅足可為天下法、百世師，而在心靈上也達到最高境界。他們於訓導弟子時，所表現的「師道尊嚴」和禪機的風格，足與孔子在儒家之地位相等。孔子有「弟子三千，賢人七十」；而馬祖入室弟子一百三十九人，個個都是南宗的高手，各主一方。其對弟子化導方法，又與孔子極相類似。禪師既不喜歡談玄說妙，卻重在日常生活中的體驗與認取。這與孔子不喜歡談什麼「性與天道」誨人，而只在日用平實中，陶養成理想人格（梁啟超句），幾乎完全相同。因此，千餘年來，真正能支配中國人心的，只有禪宗。故身為中國佛教徒，就不能忽視這兩位偉大的禪師。

㈠江西道一禪師　漢州什邡縣（今四川什邡）人，俗姓馬，生於唐中宗景龍二年（七〇八年），本邑羅漢寺出家，容貌奇異，牛行虎視，引舌過鼻，足下有二輪文。幼依資州唐和尚落髮，受具戒於渝州圓律師。開元中，習定於衡嶽傳法院，即為六祖得意弟子南嶽懷讓和尚（六七七—七四四年）所器重，遂得傳法。後住江西馬州（南康龔公山之前名），大樹法幢，宣揚宗風。四方學者，聞風而集，座下如雲，入室弟子一百三十九人，皆為一方宗主，轉化無窮，就中百丈、大梅、監官、南泉（七四八—八三四年）、天皇（七四八—八〇七年）等，都是他膝下的神足。法燈之盛，自達摩西來後，實第一人也。唐德宗貞元四年（七八八年）二月四日，示微恙入寂，元和中追諡「大寂禪師」，塔號大莊嚴，世稱馬祖，又號馬大師。

馬祖法語散見於《傳燈錄》、《五燈會元》等書。宋賾藏主纂輯《古尊宿語錄》，集為一卷，為四十八卷中之一。至明萬曆年北藏主重修《古尊宿語錄》，遂編入《大藏》後，其所說能深入禪定玄奧，於一法下森羅萬象，暢盡無餘。「日面佛，月面佛，非心非佛」之公案，實師最初所提倡。當青原、南嶽二大派對峙時，禪風最盛，馬祖代表南嶽，門風之盛，震撼大江南北，欲知大師說法玄奧，可參閱《馬祖語錄》。

舉例一：

馬祖參懷讓和尚時，常日坐禪，讓知其為大器，便問曰：「大德坐禪圖什麼？」馬祖答道：「欲求作佛。」懷讓禪師乃取一磚，就在他坐禪庵前的石頭上去磨。馬祖有一天問師道：「你磨磚作什麼？」師曰：「磨作鏡。」馬祖曰：「磨磚豈能成鏡？」師曰：「磨磚既不能成鏡，坐禪豈得成佛？」馬祖聽了，便發生懷疑，就問：「如何才是？」師曰：「如牛駕車，車若不行，打車即是（車比身）？打牛即是（牛比心）？」馬祖被問得無言可對。懷讓禪師便率直說道：「你是為學坐禪？還是為學坐佛？若學坐禪，禪不在坐臥之間；若學坐佛，佛並非有個定相，本來是無住的法門，不應有取捨之心。你若認為打坐是佛，等於殺佛。你若執著長坐不動是定相，便為佛法，即未明其理！」

馬祖聽了這番開示後，就如同喝了甘露醍醐一般，便向師禮拜。再問：「如何用心即合無相三昧？」師曰：「你學心地法門，如下種子，我說法要，譬如天降雨露，你的因緣湊合了，自然就會見道。」又問曰：「道非色相，云何能見？」師曰：「心地法眼，自能見道，無相三昧，亦復是這個道理。」馬祖又問：「這個有成壞否？」師曰：

「若以成壞聚散而見道者，並非見道了！聽吾偈曰：『心地含諸種，遇澤悉皆萌；三昧華無相，何壞復何成？』」

馬祖聽了師的開示而悟入，心地便超然解脫。從此乃追隨懷讓大師，侍奉九年，日日有所進步，終於透徹玄奧！

我們看了馬大師悟道機緣公案以後，各人應有所警覺，對此無相法門的禪宗，決不是僅憑文字般若所能通達，必要經一番禪定參究，始可有所領會。希望諸位今後除了研究教典而外，要多做些禪定工夫。要知道天下一切事，決無不勞而獲得成功的，何況這個無相法門呢？

舉例二：

馬祖既在懷讓和尚前有個入處，他又如何教化人呢？馬祖一日開示大眾曰：「汝等諸人，各信自心是佛，此心即佛。達摩大師從南天竺國來至中華，傳上乘一心之法，令汝等開悟。又引《楞伽經》，以印眾生心地。恐汝顛倒，不信此一心之法，各各有之，故《楞伽經》以佛語心為宗，無門為法門。夫求法者，應無所求，心外無別佛，佛外無別心。不取善，不捨惡，淨穢兩邊，俱不依怙。達罪性空，念念不可得，無自性故。故三界唯心，森羅及萬象，一法之所印，凡所見色，皆是見心，心不見心，因色故有。汝但隨時言說，即事即理，都無所礙，菩提道果，亦復如是。於心所生，即名為色，知色空故，生即不生。若了此意，乃可隨時著衣喫飯，長養聖胎，任運過時，更有何事？汝受吾教，聽吾偈曰：『心地隨時說，菩提亦只寧，事理俱無礙，當生即不生。』」

以上所舉二例，就可知道馬祖首倡自心即佛的奧旨。禪宗以達摩為初祖，六傳至惠能大師始大事弘揚，所以六祖嘗對懷讓禪師說過：「西天般若多羅（？—四五七年），讖汝足下出一馬駒，踏殺天下人！」蓋即指馬祖而言。可見馬祖非但不是一位泛泛的禪師，並且是一位最偉大的教育家。他的入室弟子多達一百三十九人。

㈡百丈懷海禪師　百丈懷海為馬祖入室弟子，師諱懷海，俗姓王氏，福州長樂（今福建長樂縣）人，生於唐玄宗開元十二年（七二四年），早離塵宅，長遊頓門，聞馬祖道一禪師開化南康（今江西馬祖山），乃傾心依附。遂與西堂智藏（七三五—八一四年）、南泉普願，同號入室，時三大師為角立焉。一日，師與馬祖行次，見一群野鴨飛過。馬祖曰：「是什麼？」師曰：「野鴨子！」馬祖曰：「什處去也？」師曰：「飛過去也！」馬祖遂回過頭來，將師鼻子一搊，負痛失聲。馬祖曰：「又道飛過去也？」師於言下有省，遂嗣馬祖。應檀信請，住洪州大雄山（今江西奉新縣），大智壽聖禪寺。山極高峻，吳源之水，飛下千丈，故名百丈。席住未期月，四方參學之徒，相踵而來，常滿千眾，就中溈山（七七一—八五二年）、黃檗等為上首。這時法門日盛，宗風大揚。先是禪宗寺院附於律寺中，因有諸多不便，遂決意開創禪寺，由是獨樹宗風，制定制度，名為《百丈清規》。師又勤於作務，身為眾先，即至晚年，亦不辭操勞。一日主其事者，將其勞作工具，暗藏起來，以致師無法作務，師曰：「吾德不足，何敢委勞於人？」既而覓求工具不得，因而不食，故有「一日不作，一日不食」的名訓。於此可知師之家風如何真摯，堪為宗門永遠的楷模。唐元和九年（八一四年）正月十七日示寂，壽九十五。付法弟子溈山靈祐、黃檗希運等二十八人，皆為其膝下神足，法中麟鳳。唐穆宗長慶元年敕諡大智禪師，塔號「大寶勝輪」。

師之著作有《百丈清規》二卷，禪師語錄及廣錄，散見於《傳燈錄》及《五燈會元》。至明萬曆四十五年列入《古尊宿語錄》四十八卷中，其法語於百丈禪師一代九十五年中，應機接物，示眾懇信，行事之非凡，網羅無遺，言言句句，皆足以啟發學者，做修禪之規模，學道之資糧，垂示千古。欲了解禪師法語，請參閱《百丈懷海禪師語錄》及《百丈懷海禪師廣錄》。

百丈創立禪宗叢林，制定清規。其實，清規並非始於百丈，早在梁朝法雲住光室寺，就奉命制定清規，唯梁朝禪宗未盛行，故不著名。《百丈清規》不唯改變僧眾生活方式，更奠定佛教中國化的基礎。晚唐以後，禪宗本身演變成五家宗派的分立，各宗門庭與制度，不免因宗、因時、因人的不同，而有不同。當叢林制度風行天下時，不問宗門或是律門、教門，凡規模較大的寺院，為了調和大眾，安立秩序，無不實行叢林制度。於是百丈所定清規，成為中國佛教通行規範。由於《百丈清規》不唯保持佛教傳統制度，並具有傳統教育的精神，且真正建立了學術自由（見和同解）、經濟均等（利和同均）、言論自由（口和無諍）、民主自由（意和同悅）、居住自由（身和同住）、信仰自由（戒和同修）、師道尊嚴的新社會規範。所以宋代大儒程伊川目睹叢林僧眾，威儀齊整，肅穆虔誠，所表現威儀三百禮儀三千，禮樂俱備的風格，不禁嘆曰：「三代禮樂，盡在於斯！」

唐宋以來，許多傑出的學者、詩人、政治家，都傾向於禪宗，因與禪師交談，心神為之開悟，韓愈、歐陽修、白居易，皆於禪學有個入處，便是一例證，因之，禪宗帶給中國文化知識分子人格教育的規範極大！

四、叢林制度的規範

叢林制度是佛教最完整、最優良的制度，具有多種的特點，不唯適用於君主時期，並適合於今日民主時代，現在分別敘述於後：

㈠天下為家　叢林制度所標榜的「天下為家」，與今日民主國家所倡導的「天下一家」，不謀而合。唯叢林制度所說「天下為家」並非只是理想，而是已經成為事實，並且做到人人平等。凡是出家人，既經出了家，就無家可歸，而以天下寺廟為家。俗說：「凡是寺廟都有他的三根椽子。」也就是說每一個寺廟都是他的家。因此出家的僧眾行腳天下，芒鞋斗笠，一個蒲團，一肩行腳，身邊不需帶一分錢，走盡天下名山大川，參訪善知識，遇有叢林寺院，就可掛單居住。詩云：「天下叢林飯似山，缽盂到處任君餐。」任何寺院都不可以拒絕掛單。掛單的僧眾要是有了病，便由掛單的常住供給醫藥費用，可搬進如意寮居住，不需隨眾上殿過堂，並有專人照應茶水。到了夏天或是冬天，不論缺少夏衣或是冬衣，都由常住供給功德衣或功德被使用，但離開時仍要交還常住，要是缺乏路費，乃由常住供給。所以行腳的僧伽，往來天下名山大川，不僅到處有廟可住，供給衣、食、住外，並准許參加禪堂共同參究。要走就走，毫無阻擋。過著逍遙、自在、清淨寡欲的無罣無礙生活。所以說，叢林制度不僅做到天下為家，並且做到「天下為公」，凡是寺廟亦都是天下僧眾公有的，任何寺廟都可以掛單。

所謂僧者，並非指人而言，前面講過，就是僧團主義，這個僧團包括六種意義，即所謂六和主義，要是與今日民主制度相配合則是：

(1)身和同住——居住自由
(2)口和無諍——言論自由
(3)戒和同修——信仰自由
(4)意和同悅——民主自由
(5)見和同解——學術自由
(6)利和同均——經濟均等

要知道，佛說的六和主義，非僅為出家僧眾而說，實為廣大社會群眾而說。今日廣大社會群眾，其所以不能和平相處，以及國際間不能和平共存，就是由於利益不能均等，思想不能統一。所以，佛陀倡說六和主義，同時，佛陀時代的印度社會有兩個不合理的現象：

1. **佛陀出世以前**　印度大小分十六國，呈現群雄割據的局面，與我們目前世界國際間處境，大同小異。佛陀青年時代就有兩個超級大國，一個居於中印度的摩揭陀國，一個居於北印度的憍薩羅國。這兩個超級大國，經常保持強大軍事力量，對四鄰弱小國家，不斷發動侵略的戰爭。即使佛陀的祖國釋迦族，在政治上雖然獨立，但在超級大國憍薩羅國保護之下，其人口不過幾萬眾的弱小共和國，不斷受到憍薩羅國的壓迫，到釋尊晚年，竟為琉璃王討伐占領，釋尊頭痛三日。因此，佛陀所說僧團六和主義，非限於僧團，實為當時印度十六國提供國際和平共存，利益均等的綱領，等於今日聯合國憲章，其意趣極為深遠。

2. **佛陀的時代**　印度社會階級制度非常嚴格。計分為：

(1) 婆羅門族——掌管宗教

(2) 剎帝利族——掌管政治

(3)吠舍族——農商階級

(4)首陀羅族——奴隸階級

這四種階級制度，分別得非常嚴格，就中以婆羅門族假託神說自認是最清淨、最優秀，是大梵天所生，又叫作天衣民族。而首陀羅族在婆羅門族看來，是不可教化、最下賤的民族。凡屬奴隸種族的人民，不但沒有信仰宗教及受教育的自由，也沒有經營農商、分享社會利益的權利，更沒有添置財產及拜神修道、懺悔的自由，永遠為貴族階級的奴隸。所以造成一個極不合理、不平等、不自由的社會制度。佛陀為要拯救這種不合理的社會制度，因此說僧團六和主義，意在革除這種不合理、不平等的制度，並建立一個合理化、自由平等的新社會制度。

由此看來，當時印度的社會，確與我們今日世界處境大同小異。今日世界上亦有兩個超級大國，他們雖然保持核子最進步的科學知識，然不肯與其他弱小國家公開，共享見和同解的自由，猶如古代印度婆羅門族不准奴隸階級人民享有信仰及教育的自由一樣。以其雄厚的獨占資本財力，在國際貿易上，往往利用關稅及制訂其他種種特權限制輸入或輸出，以剝削其他弱小國家的利益，因此，便違背了利益均等的目的。

今日民主國家雖以民主、自由、平等為號召，其實，這只是帝國主義對弱小民族的一種口頭上宣傳，他們對內是自由平等，對弱小民族卻不以自由平等相侍。試看超級大國一向自詡其民族為最優秀、最有智慧、最進步，鄙視其他民族和國家為落後、未開化。這等於猶太人自認以色列民族為世界上最優秀的民族，中東之所以不能和平相處，猶太民族與阿拉伯民族，其先天就存著濃厚的歧見。這與印度婆羅門自認其種族最清淨，又有什麼不同？同是屬於不平等的觀念，時代雖有古今之不同，但大國歧視弱小國家民族，則如出一轍。

佛陀為改革這些不合理的社會制度，和緩國際間的紛爭，建立民主、學術、經濟、居住、言論等的自由，及道德尊嚴的規範，乃說僧團六和主義。

(二)民主風範　叢林制度雖創於唐代，然其思想觀念卻適合於今日的民主世界。即以住持而言，叢林寺院住持的產生，既非由政府委任，亦非由政府勅封，是經過諸山寺院住持同意，始為合法。等於今日民主國家之元首更換，必須獲得多數國家承認，始得稱為合法政府。一九一二年，鎮江金山寺推選革命家宗仰和尚（一八六五－一九二一年）為金山寺住持，就因常州天寧寺冶開和尚（一八五二－一九二二年）持反對態度，他認為宗仰曾還過俗，參加國父革命工作，在僧格上似有不可原諒的污點，不適宜任金山寺住持（因為金山寺為宗門首剎，居極高的地位，不比等而次之寺院），因而作罷，由此可知叢林寺院是如何重視選賢與能的民主制度。

至於住持一職，雖為一寺首領，卻沒有任何特權，只是掌管一寺行政、說法、教育等事項，等於政府首長、社會領袖。在衣、食、住、行方面，都要與全寺大眾相等，不僅要與大眾共修、上殿、過堂、坐香，並要切實做到以身作則。由於叢林是以身教為主，因此，當住持的人，除了生病，及諸山住持更換，或者長老涅槃要親赴應酬外，都要先向大眾表堂請假，否則，不得以任何理由不上殿，不過堂，不進堂坐香。因為住持的職務，就是領眾修持，主持佛法，不使衰落，如果不過堂，不進堂坐香，就沒有飯可吃。遠者不必說，即以江蘇常州天寧寺為例，該寺為江南宗門名剎，常住有六、七百人，規矩嚴肅。一九三四年我在天寧寺過夏，親近證蓮尊宿（一八九三—一九六七年），當時證老當住持，他平時要到庫房報一碗飯菜，也不易報到。庫房師傅總要帶著責備的口氣問道：「為什麼不過堂？」天寧寺經濟雖很寬裕，當住持的人，僅知其大概，並不能私自動用分文，有所支配，猶待監寺、副寺同意。稍有違背祖規，即遭指責，其規矩嚴格，公私分明，毫不假借人情。因之，住持地位雖高，並無任何特權。至於勞務，仍要與大眾共同操作，不得稍後，賢如百丈禪師，尚有「一日不作，一日不食」的名訓，由此奠定千百年來叢林風範。

雖然如此，但住持畢竟為一寺之首，而叢林制度所表現的一種師道尊嚴，足以為今日學子的式範。無論上堂、說法、晚餐或小參，或入室請益、巡寮、普說等佛事，都有一套極嚴肅之禮節，以示重法尊道的精神。即以住持外出為例，住持須先一日在齋堂表堂，說明出外理由及何日回來。次日客堂掛牌，早食後，打板齊集大眾在門前，由僧值師入內報告大眾齊集三門前，住持隨後出來，接受大家恭送禮，及至住持回寺之日，亦如送行禮節，由僧值師掛牌，隨早食過堂時，僧值師在齋堂表堂，說今日方丈和尚要回寺，幾時齊集在某處，迎接方丈和尚，雖說是一種形式，但這裡卻寓有無限教育意義及師道尊嚴的精神。今日佛法不興，就是缺乏師道尊嚴所致。

㈢公私分明　佛教僧寺財物，都屬於全體僧眾公有，不屬於任何人私有，以供十方僧眾修持所需，上自住持以及執事，對於常住一草一木，絕對要做到公私分明。人人深信因果報應，對於常住公物，不僅要做到公私分明，即使施主布施買油的錢，決不敢移作買豆腐用。常言道：「愛護常住物，如護眼中珠。」「施主一粒米，大如須彌山，若人不了道，披毛戴角還。」由於因果的觀念深植各人心田中，所以對於常住公物，絕對不敢徇情移用。雖當住持的人，亦不敢以常住公物招待私人朋友，如有招待私人朋友，則由自己負責補償。從前有位寶壽禪師，在五祖寺庫房充當執事，一日，五祖戒公因疾病服藥，需要生薑，侍者便到庫房去討，寶壽便曰：「常住公物，何可私用？拿錢來買！」侍者回報戒公，戒公便令侍者拿錢去買，寶壽始肯給他，戒公由是深契其為人。後來洞山缺乏住持，郡守來信，託戒公找一德學兼優者去住持，戒公便說：「那個賣生薑的漢子去得！」意下他是一位公私分明，知因識果，德學兼優的住持人物。於是他便去洞山住持，所以後來傳有「寶壽生薑辣萬年」的佳話。還有位楊岐方會禪師（九九六－一〇四九年），他在石霜禪師會下充作監院，夜間看經，自己另買燈油，不敢將常住油取來私用，故有「楊岐燈盞明千古」的名訓。這兩位都是公私分明的古德。近代印光大師（一八六二－一九四〇年）初於湖北蓮華寺充任行單，後至庫房任職，因知古德名訓，不敢占用常住公物，凡整理糖食，手有黏及氣味者，均不敢用舌頭餂食，僅以紙揩去而已（見《永思集》），如此微細部分都不敢大意，其對常住公物，是何等重視！近來佛門多出不知因果的俗僧，搶得一寺住持，就視常住公物為己有，不僅以常住金錢結交私人朋黨，請客（私人朋友）吃飯，亦開常住金錢，甚且公然侵占常住公物，以致身敗名裂，既愧對十方檀越信施，且使佛門同蒙羞辱。

㈣告香表白 叢林寺院雖以修道為主，但人多複雜，均屬異姓同居，雖有綱領執事，難免苟且偷安，存私舞弊者。因之，古來祖師定有「告香」佛事，所謂告香，就是發誓以表白清廉。《增壹阿含經》卷第三十八云：「若長老比丘不發誓願者，終不成佛道。誓願之福，不可稱記，得至甘露滅盡之處。」所以護持叢林必須告香，以表清白，然清白與否，唯有自己知道，別人不知。人雖不知，諸佛龍天必知，倘有愚僧誑妄對諸佛龍天不生敬信，以為諸佛龍天哪裡管得這些微末的事，或可欺瞞，希望僥倖逃脫惡報的話，那就大錯特錯！縱使目前不受報，終必受殃，因果不爽，絕難逃脫的，可不懼哉？

叢林寺院每在結夏前，必須舉行告香一次，未參加告香者，不准入室參加。告香的儀式或在方丈室、或在法堂、或在禪堂、或大殿前。早食後打板集眾，齊集於大殿韋馱菩薩前，舉唱香讚，由住持拈香禮拜畢，向大眾宣白：

暗室虧心，神目如電；
善惡報應，似影隨形；
但有早遲，終無漏網。
謹白大眾，各諦思惟；
惟兢惟惕！戒之慎之！

(1)先由住持起至韋馱前拈香禮拜，長跪合掌，對大眾表白：「我住持某甲，若叢林不治，法輪不轉，剋眾益己，侵損常住者，使我現生之內，折祿減壽，惡疾纏身，或遭惡難，示報大眾，臨命終時，墮落三途，諸惡趣中，唯神鑒臨，以警來者。」

(2)次由班首同至韋馱尊天前長跪合掌，齊聲告曰：「我等眾某甲，若三業不勸，四儀不肅，恣縱威暴，辜負常住者，使我現生得不善報云云。」

(3)再次由維那合掌告曰：「我維那某甲，若私心偏護，規勢欺壓，辜負眾人，不盡執事，使我現生得不善報云云。」

(4)舉凡負責常住金錢飲食經手者，若都監、監寺、副寺，衣鉢都要齊集韋馱前宣誓：「我監院某甲，若容眾量窄，愛眾心薄，侵公益私，瞞昧因果者，使我現生得不善報云云。」

(5)次為知客、僧值師等負責調眾辦事者，至韋馱前，長跪合掌宣告曰：「我知眾某甲，若憎貧愛富，重俗輕僧，過費常住，圖自適意者，使我現生得不善報云云。」

(6)次由禪堂清眾等多人，或十人一班，齊集韋馱前拈香宣誓曰：「我清眾某甲，若懈怠偷安，不辦己事，虛消信施，辜負常住者，使我現生得不善報云云。」

(7)次由列執等亦十人一班，齊集韋馱前，拈香長跪，宣誓曰：「我列執某甲，若不盡本執，有誤眾人，費常住物，而取自安者，使我現生得不善報云云。」

全寺上自住持下至清眾，均告香已，仍對立於韋馱前，誦《梵網經》，至發誓二戒誦畢。這是激揚世道人心，鼓勵學人的一種方法，今後叢林寺院的盛衰，就看告香興廢為標準。

㈤**樸實主義**　出家人以修道為第一，對於衣、食、住、行極為簡樸。叢林寺院經常住眾其多則三百、五百，少則也有一、二百人，其所以能維持數百人生活，不僅以勤儉操勞從事生產勞動，並以甘守淡泊為第一。對於事物，絕不留戀。古來祖師唯恐僧眾貪戀物事，妨礙修道，並作諸多名訓曰：「世間心輕微，道念自然增長。」一匾擔山和尚一生拾橡栗為食；高僧惠休三十年著一雙芒鞋，遇軟地則赤腳；永嘉大師（六六五—七一三年）不食鋤頭下菜；紫柏大師（一五四三—一六〇三年）生平一粥一飯，無雜食，脅不著蓆四十餘年。這些高僧大德都是以甘守淡泊行腳天下，表現一種為道精進不懈的精神。諸位欲想報佛恩，欲於佛門有所建樹，對古德名訓要多多記取學習，為後人多留些好的榜樣，始不負出家一番。

一九三二年太虛大師（一八八九—一九四七年）以澹、寧、明、敏四字為「漢藏教理院院訓」。期望每一個學僧，都能甘守澹泊的生活。澹、寧、明、敏四字，不唯代表出家人生活的本色，也代表了中國佛教僧團生活的精神，實是陶鑄僧眾崇高品德的根本，歷代高僧大德，無不從這澹泊生活中鍛鍊而來。於是大師又為之解釋道：

(1)澹：謂澹泊，即是澹於欲，在佛法上，就是尸波羅蜜多，即所謂持戒。

(2)寧：謂寧靜，即寧於心，在佛法上，就是禪波羅蜜多，即所謂修定。

(3)明：謂明於理，在佛法上，即般若波羅蜜多，即所謂智慧。

(4)敏：謂敏於事，即工作敏捷之謂，在佛法上，勤修五明，及無量功德。

前三為理體，第四才是事用。

以上所舉四字，實是出家人生活的本色，凡屬出家人必須持守清苦澹泊的生活，果能甘守澹泊，才能出家，不為環境所轉，世風所移，如是才能修學佛法，才能成為佛教傑出的人才。

今欲振興中國佛教，使佛法深入社會人心，使民眾共沾佛法的利益，必要先從僧團生活教育改進起，務必奉行古德名訓，依律力行，要以佛家簡樸的生活，改善社會浮華的風氣。否則，要是儘造些浮而不實的僧才，只知搖筆桿、寫文章、喊口號，既無益於佛法，更無益於個人修持，徒然增加佛教內在的危機。

㈥實用教育　叢林教育，在教育體制上，是一種特殊教育，並且為反文字、反理論，而富有科學實用教育的精神。所以叢林教育，既不依據一切空泛的理論，也不在口頭上稱雄。因此，其教學的方式，種種不一，有時棒喝、有時嬉笑，甚至謦咳、掉臂、揚眉、瞬目、拈槌、豎拂，都寓有教育的意義。中國是一個講求實用的民族，而印度卻是一個喜歡幻想及傾向高度思辨性的民族。所以禪宗重視日常生活辛勞工作，如鋤地開田、搬柴挑水、燒火擇菜，從不想入非非，並且要徒眾於日常生活中去取認，雖搬柴運水，莫非是道，嬉笑怒罵，皆成妙契。就是要在生活上，事物上去取認，激發內在靈機，促其頓悟。祖師禪中有劈佛罵祖燒燬經典的公案，一片靈機活潑，全在日常生活中表現。香嚴（？—八九八年）於勞役時，因拋擲瓦礫擊出聲，靈雲因見桃花，兩人都因此激發內在靈性而開悟，桃花與瓦礫，都是日常生活中發揮出來的大機大用。所以說叢林教育，不是玄學理論的教育，乃是科學家的實用教育，也就是一種生活實驗的教育。

舉例一：

在禪宗教育史上有兩位禪師，起初都是依據經典尋求真理的，一是貧無立錐之地的香嚴禪師，一是訶佛罵祖的德山禪師（七九〇—八六五年），後來兩位都經過祖師斫破，認識家珍，燒燬經典，成為一代宗師。

1. 香嚴智閑　是百丈懷海的弟子。百丈死後，他往參溈山靈祐，溈山是百丈的大弟子。香嚴先是研究經典，在百丈前問一答十。一日溈山問他說：「我不問汝生平所理解及經典上所記得的，如何是父母生前本來面目？試道一句來！」這「一句」，是任何人都不可能說破的，也不是一個人可以傳給另一個人的，這個必須自己努力去抓住它，因此香嚴對此，竟茫茫然不知如何回答。心灰意冷的回到寮房將平日看過的經典從頭至尾要尋找一句來酬答，竟不可得。於是自歎畫餅不能充飢，並且幾次要求溈山給他正確的回答，溈山說道：「我若說似汝，汝已後罵我去，我說底是我底，終不干汝事。」於是香嚴把平日所看過的文字燒卻，並說：「此生不學佛法也！且作箇長行粥飯僧，免役心神。」乃拜辭溈山而去。香嚴住到一個廟裡，獨自參究，那裡有一座忠國師的墳墓。有一天當他鋤草的時候，隨手丟開一塊瓦礫，碰到竹子上發出聲音，這一聲震醒他無意識的意識，廓然有悟，立刻回到菴裡沐浴焚香遙禮溈山道：「和尚大慈，恩踰父母，當時若為我說破，何有今日之事？」並寄溈山一偈曰：「一擊忘所知，更不假修持；動容揚古路，不墮悄然機。處處無蹤跡，聲色外威儀；諸方達道者，咸言上上機。」

溈山其所以沒有為香嚴「說卻」那一句，並不是溈山無意教育他的弟子，因為「禪」不是一種知識可以傳給的，是屬於絕對個人生命，必須自己努力去抓住它！

2. 德山宣鑑　是一位精究律藏，於性相諸經無不貫通的大學者，常講《金剛般若經》。當他聽說有一種根本不解經文而直指人心、見性成佛的禪宗，很不平的說：「出家兒，千劫學佛威儀，萬劫學佛細行，不得成佛。南方魔子敢言直指人心，見性成佛，我當撌其窟穴，滅其種類，以報佛恩。」遂擔《青龍疏鈔》南下，在途中見賣餅婆子，因息肩買餅點心。婆子指擔曰：「這個是什麼文字？」師曰：「這是青龍寺的《金剛經疏鈔》。」婆曰：「我有一問，你若答得，施與點心；若答不得，且別處去。《金剛經》道：『過去心不可得，現在心不可得，未來心不可得。』未審上座點那個心？」這句問話，卻如鎗頭直向敵人猛刺一般，那鼻孔遼天的德山老漢，滿面慚愧，一句也答不出，遂逕往龍潭。德山是個當仁不讓的好漢，便到龍潭那裡求教。師曰：「久響龍潭，及乎到來，潭又不見，龍又不現。」潭曰：「子親到龍潭。」師無語。一夕夜深下山，潭點紙燭度與師，師擬接，潭復吹滅，師於此大悟，便禮拜，潭曰：「子見個什麼？」師曰：「從此去，更不疑天下老和尚舌頭也。」遂將疏鈔堆在法堂前舉火曰：「窮諸玄辯，若一毫置於太虛；竭世樞機，似一滴投於巨壑。」遂焚之。

以上所舉兩例，很明顯的，佛法微妙的真理，無論怎樣敏感的禪師，都不可能用析理的方法，使他的弟子了解的。香嚴與德山對經文理解都有相當的見地，然而當他們想藉著經典上的知識了解這個最高境，竟無法達到這個目的，又不是別人所能解說的，這就是當時溈山不肯為香嚴說破的道理。因為絕對的真理是離去言說的，是閉卻咽喉後，又怎可說得出呢？再者絕對心法的禪，各人本具的，我說的是我的，不干汝事，等於我吃飯，汝不能飽，佛法重在實際體認。因之，香嚴終以捨卻經典知見，離去言說，始達到實相的妙悟；德山觸著實際絕對的真境，始悟到窮諸玄辯，於真理性命上，等於畫餅不能充飢。香嚴、德山終成為宗門一代祖師。

舉例二：

有僧問馬祖大師：「離四句，絕百非，請師直指某甲西來意。」馬祖云：「我今日勞倦，不能為汝說，問取智藏去！」師著語云錯。僧問智藏，藏云：「我今日頭痛，不能為汝說，問取海兄！」僧問海，海云：「我到這裡卻不會。」僧於是把經過報告馬祖大師，馬師云：「藏頭白，海頭黑。」

馬祖道一嗣南嶽懷讓禪師法，住江西，法人布滿天下，他是六祖預示的「馬駒踏殺天下人」的人物。「西來意」，是禪宗最重要的公案，其開始於馬祖。問話的意思很明顯，就是說禪的根本法，既不立文字，又離去言說，那麼，就請把所有否定、肯定、懷疑、折衷、是非、善惡、長短的一切意會言說分別統統離去，請大師指示達摩大師畢竟帶來些什麼？既曰「離四句，絕百非」，是無言無說，在無言無說當中又從何答起呢？於是一個推「勞倦」，一個推「頭痛」，一個推「不會」，把「西來意」愈推愈莫名其妙，致後來祖師關於「西來意」問答，無慮數百次反覆商量，也就是種因於此，要是從理論上說明「西來意」，是畢竟不可。況且又是「離四句，絕百非」，又從哪兒說明祖師「西來意」？可是從「勞倦」、「頭痛」、「不會」上，把祖師「西來意」赤裸裸地完全答出來了。

這就等於問，如何是祖師「西來意」？答曰：「柳綠花紅。」因為一切法，法住法位，既「離四句，絕百非」，如何能道出「柳是綠」、「花是紅」的法住法位本來面目？因此，馬大師說：「藏頭白，海頭黑。」無非說：鷺是白的，烏是黑的，青是青的，紅是紅的，不用理論分別「離四句，絕百非」的言論，只是以「藏頭白，海頭黑」來顯「冷暖自知」祖師西來意！

這就是說，絕對的真理，是言說不到的，無言無說是禪的根本法，故歷代祖師啟迪學者，動不動就以「離四句，絕百非」的機鋒來彰顯自己心靈上所印證的絕對境界，掃除學者意識上分別知見。

要知道禪是屬於「冷暖自知」、「以心傳心」的妙悟法門，除體驗以外，別無可說，因為「禪」是超越理性與信仰，不同其他宗派專靠經典研究所得的理解，或依情感所產生的信仰，禪是以入禪空三昧所得的真智。依於學理所得的智，是有漏智，不特未超越煩惱的範圍，實際上卻是煩惱根本的無明。真智是入禪空三昧，斷絕一切相對的概念，從內自發，是心的自體光明，而心的自體光明，只有心心契會相應來表示，所以稱之「以心傳心」，不立文字，教外別傳。

既曰不立文字，就不可能以語言文字說明禪的內容。語言文字僅是一種符號，不是真智的本身；就如我們以語言文字說明空，並非空的本身。依於語言文字說明的空，非是真空，實際仍未超越於有，因為這是概念所構成的空。語言文字只是供給學者互相應用的媒介，由於人們誤把它當作實在的看待，等於金錢代表貨物的一樣。其實，貨物的本身有其真正的價值，不是金錢所能代表的，由於人們習慣於金錢，就把金錢視同貨物的本身。猶如我們視語言文字為實在，實是極大的錯誤。我們能明白這個道理，就不難了解前面所舉例子的意義。

以上所舉的例子，說明了禪宗教育精神，既不在文字般若，又不在言語上，要從日常生活上反省、取認、領會，所以禪宗教育是反玄學的實用教育，反理論的直覺教育，而有科學實驗教育的精神。

㈦禮樂制度 叢林生活，雖以嚴肅威儀、秩序、莊嚴為主，但對調和僧眾意樂，及增進心靈上和悅，亦特別重視。叢林制度，行、住、坐、臥，一舉一動，不僅有禮節的規定，並附有法器（音樂），犍椎和奏，以增進生活的和悅及宗教的虔誠。

所謂禮樂，就是法器，包括鐘、板、犍椎、磬、鼓等在內，這些都有助於威儀攝化。所以說：「上古之世，有化而無教；化不足，而禮樂作焉。」（見《百丈清規證義記》卷九）佛隨機設教，亦有擊犍椎以集眾的規定。《增一阿含經》云：「阿難升講堂，擊犍椎者，此是如來信鼓也。」《五分律》云：「隨有瓦木銅鐵鳴者，皆名犍椎。」因此相沿至今：「倣其制而用之。於以警昏怠，肅教令導幽滯，而和神人也。」

由此看來，叢林法器，不特取其音聲集眾，並含有警惕教育的意義。凡是上堂說法前，都要擊磬，謂之白椎。（白椎云：「法筵龍象眾，當觀第一義。」）說法畢也要擊磬，謂之結椎。（結椎云：「諦觀法王法，法王法如是。」）昔日世尊陞座，大眾集合，文殊白椎云：「諦觀法王法，法王法如是。」世尊便下座。這就是結椎的意思。

叢林的鐘鼓，不唯發號施令，且有警覺教育的意義。又有晨鐘暮鼓的區分。早晨撞鐘，以破長夜黑暗，警覺睡眠；晚上擊鼓，以警覺昏衢，疏冥昧，鐘鼓互相應用。凡撞鐘時，必先默誦願文曰：「願此鐘聲超法界，鐵圍幽暗悉皆聞，聞塵清淨證圓通，一切眾生成正覺。」然後執椎，誦云：「洪鐘初扣，寶偈高吟，上通天堂，下徹地府。」（第一椎）

第二椎則為上祝當今國王，大統乾坤，文武百官，高增祿位……如是者一〇八椎，每一椎皆有一願。願廣度眾生，祈禱國家太平，人天安樂。何以要一〇八椎？就事顯理，由於眾生有百八愚癡，聲聲喚醒成百八三昧，所以叢林禮樂，不在喜悅耳聞，寓有教育的啟示，並充滿宗教的虔誠。人們聽了足可導致心境平和，增進心靈上安慰，成為撫慰心靈上妙樂。常言道：「聞鐘聲，煩惱輕，智慧長，菩提生，願成佛，度眾生。」所以佛教的法器，不僅增進意樂，乃在警覺身心，制止放逸，增長善根。居於今日社會，除掉物質享受以外，生活緊張，環境污染，烽煙處處，道德淪亡，人生樂趣何在？唯有偶然聽到寺廟鐘聲，令人生起宗教的情緒，而有超脫塵寰，返璞歸真的意樂。以上所舉僅為鐘鼓，其他法器，不能一一舉例說明。

五、禪宗根本的精神

㈠禪的根本精神　禪，雖說導源於印度，但已不是印度佛教的原型，乃經過中國人把它融化而成為中國式的產品。因為中國人的思想重於實用，不像印度人富於玄想，而重視理想主義，想入非非。所以禪師們告誡他的弟子首先道出「不立文字，教外別傳」，明白的表示，就是禪學不同於其他宗派，如天台、華嚴或瑜伽、中觀，都要依據經典，說明佛法的真理。禪學是不依靠這些「勞什子」的，是以心傳心的一種「冷暖自知」法門。因此，禪學是超越理性，除體驗外，別無可說。在禪師語錄中，沒有遇到像大乘教義中那些數不盡繁瑣的數目名相，說世界何止三千大千世界，說數目何止一個無量無邊恆河沙數，左一個百億那由他，右一個百億那由他。因為中國人從來沒有這些數字觀念，也就沒有像印度人天馬行空般的玄想。特別在禪師們所表現重實用而反玄想的思想，最為特色。《楞伽經》曰：「佛語心為宗，無門為法門。」這說明了禪學的根本精神。

禪，既不以經典文字為依據，故以「不立文字，教外別傳，直指人心，見性成佛」為其根本精神。是故禪的體驗乃在究明自己心靈上所具的覺性，不向外馳求。只要一旦抓住自己心靈上所獨具的那個核心，便會發現「道本圓成，何假修證？人人具足，個個圓成」的正覺妙悟，及絕對的生命。是故禪不以一經一論為所依，而以究明自己的心靈、體驗絕對妙悟的生命為其根本精神。所以禪不可以說為一宗，也不可以名立。故稱之謂「說似一物即不中」；達摩名曰「教外別傳」。所謂「向上一路，千聖不傳」，不可說有，不可說無，離去有無是非，構成禪的根本原理！

㈡東方文化精神 禪，雖導源於釋尊靈山會上拈花示眾迦葉微笑的一幕，但釋尊以後，印度僅傳二十八祖，並未能構成一宗。直至西元五二〇年菩提達摩東來，始光耀於中國佛教界。菩提達摩是印度二十八祖，為中國初祖。他原是南印度香至王的第三子，成年以後出家做和尚，追隨般若多羅垂四十年，般若多羅圓寂後，六十餘年間，他致力破除小乘禪觀諸宗。日後為實現他師父的遺命，航海三年，來到中國，終於梁朝普通八年九月（五二七年）到達廣州，梁武帝立即請他到首都金陵（即今之南京）。梁武帝是位極虔誠的佛教徒，他對般若有很深的領會，嘗披起袈裟陞座宣講《放光般若經》，感得天花亂墜，地變黃金，並詔告天下起寺度僧，依教修行，人謂之佛心天子。當達摩尊者初抵金陵，會見武帝，武帝便問道：「朕造寺寫經度僧有何功德？」在武帝認為建寺度僧功德最大，想得到達摩的印證，那知達摩尊者卻冷淡而簡單的回答道：「並無功德！」

梁武帝認為佛法不外至真俗二諦。「真諦明有，俗諦明無。」建寺度僧既沒有功德（俗諦），那真諦必定是有的，故又問道：「佛法聖教第一義諦是什麼？」達摩回答說：「廓然無聖！」武帝不解這句回答的意義。因為教家所謂第一義諦，就是真理的意義，但卻不是禪宗自證自悟的境界。所以達摩答出：「廓然無聖。」這是禪的根本法，是教外別傳，不是教家所說的聖諦。因此武帝又問了一句：「那麼在我面前的又是誰？」武帝問這句話的意思，就是在於第一義諦中既然只有廓然虛空與絕對的超越，但在我們眼前的，卻有相對的存在關係，不是有些人被認為聖者，有些人被認為劣者嗎？因此，武帝便發生了疑問，那麼在我面前的這位菩提達摩又是誰？而他的回答卻與事實相背，竟曰：「不識。」因為武帝始終站在教家立場上，所以不能理會禪宗第一義的真理，達摩便黯然度江去北魏，面壁九年，因此，便把「見性成佛」、無佛、無眾生等，古今的無為法傳來中國。把以往限於言說、是非、長短、煩惱菩提、生死涅槃等一切外得的知見，都一掃而空。禪的宗風揚於北方，由達摩六傳至曹溪，宗分南北，繼而一花五葉分為五家七宗。風靡天下，門庭日漸繁榮。於是應病與藥的垂示，公案、傳記不下萬卷的禪家語錄，傳於後世，照耀於中國佛教的史頁。這些語錄，能使貴為天子的帝王屈膝，高傲的儒家回心向大。前者如唐宣宗、明太祖、清世宗，都嘗過禪的滋味。後者如韓愈、白居易、歐陽修、陸游、蘇東坡、王安石、宋濂、龔定盦等，都受過禪學思想的陶冶。這不能不說是禪家無比的光榮。唐宋以後，中國佛教以禪為中心，各宗都衰落，唯有禪宗門庭獨耀，偉人輩出，號稱萬人，禪門的興隆，堪稱空前。

佛教經過魏、晉、南北朝、隋、唐，歷經七百年的陶冶，融攝了儒道思想的精華，產生了無可比類的禪宗。盛唐以後，無論美術、詩歌、倫理、道學、玄學，莫不深深的飽吸縱橫自在的禪家思想，因此而有宋明理學的誕生。宋明幾位大理學家，若周濂溪、程明道、朱子、陸象山等，無一不曾與禪家打過交道，不僅在學術思想上吸收佛教禪家的思想，即於講學風格與人格規範上，亦都採取叢林教學方式，以靜坐、修身、究明心性為本。尤以王陽明知行合一哲學最為明顯，所以禪學已不是印度的佛法，而成為東方文化的精粹，體驗了禪，才能認識東方文化的精神。

㈢禪的風格　禪，不是訴諸理論的哲學，或是依於言行所得的宗教，而是超越了理性與信仰所得的本來面目。太虛大師嘗以「反信教的學術精神」、「反玄學的實用精神」、「反理論的直覺精神」、「反因襲的創化精神」等說明禪宗與學術思潮。（見〈唐代禪宗與現代思潮〉）因此，禪宗不同其他宗派專靠理論的研究，或求佛加被，是完全依照禪定力，直向自己內心，以掃蕩的戰略，把自己心上所有自我、是非、貪欲、人我的知見，一齊掃得乾乾淨淨，達到等同佛陀所悟的自證境。所以禪是以悟為根本，禪如沒有悟，就像太陽沒有光和熱一樣。因此，根利的人，不求佛而求他自心的覺悟，愚笨的人只求佛而忽視自己心中的覺性。達摩東來，首先高唱「直指人心，見性成佛」，針對著忽視自心的眾生而說，於是產生出禪宗無比的風格。孟子曰：「人有雞犬放，則知求之；有放心，而不知求。學問之道無他，求其放心而已矣。」儒家究明心地工夫，幾與禪家如同一轍。

1. **超越經教的頓悟**　達摩東來後，中國的禪觀，由於不立文字影響，都疏忽了經教的研究，甚至出了許多極端分子，若德山、智閑，燒燬經教，以示不依文字的決心。不依經教的禪家，他們所依據的，就是「直指人心、見性成佛」。這種不依經教的頓悟禪，在達摩東來的前後，也就盛行於中國，只是不為教家所注視。梁代寶誌（四一六—

五一四年）、傅大士（四九七—五六九年），就是立於頓悟的境地，不依經教的說法。梁武帝有一天請傅大士講《金剛經》，他上座將撫尺一揮就下座，武帝與圍繞在前後的人，都莫名其妙。唯有寶誌公明白，便對帝說：「此大士講經竟！」這種超越經教的頓悟，似比達摩的否定——「不識」，猶高一著！這種作風是導源於釋尊。釋尊一日陞座，文殊菩薩白椎曰：「諦觀法王法，法王法如是。」釋尊便下座——達摩東來後，「不立文字，教外別傳」的風格，六傳至六祖，這更是前不見古人後不見來者的一種根機，他與七百人的教授師，競選傳法，由於他「打破菩提，否認明鏡」，立於「無一物」根本的頓悟，直透如來地。把頓悟的生命活潑潑地表現出來，便獲得第六代祖師的榮冠，由於六祖印證方法透露，不是訴諸理論，而是直接的、明白的、具體的說法。當惠明向他求法時，他便說：「不思善，不思惡，什麼是明上座本來面目？」這是何等直接透澈的說明，開闢了一條頓悟的康莊大道，使他的弟子明白禪的宗旨在悟。六祖以後，他的門下出了許多優秀的弟子，若神會（六六八—七六〇年）、慧忠（六八二—七六九年）、行思（？—七四〇年）、懷讓，以及再傳弟子，若馬祖、百丈、南泉、趙州（七七八—七九七年）、丹霞（一〇六四—一一一七年）、藥山（七五一—八三四年）、烏窠（七四一—八二四年）等輩出。禪的頓悟宗風，震撼了整個大江南北。

2.**超佛越祖的禪機**　禪，雖然有一貫的法脈傳承，但禪以心傳心為獨立的精神，是故重於心印，打破形式。六祖以後，中國的禪風重視見性，見性為禪的根本，大家拚命直向自己心靈上體驗，於是唱出超佛越祖的風格，甚至出了許多極端分子，如丹霞說：「佛之一字，吾不喜聞。」趙州說：「念佛一聲，要漱口三日。」南泉謂馬祖說：「即心即佛，我這裡不是心，不是佛，不是物。」僧問雲門（八六四—九四九年）：「如何是佛？」曰：「乾屎橛。」這是直透覺心超佛越祖的風格。

僧問九峰：「如何是祖師西來意？」師曰：「一寸龜毛重九斤。」

僧問洛浦：「如何是祖師西來意？」師曰：「青嵐覆處，出岫藏峰，白月輝時，碧潭無影。」

所謂祖師西來意，就是說：「祖師從西方帶來些什麼？」問的根本法，是超越一切的形式與概念，是無往而不自在的，所以祖師西來意，又如何可以區別性的概念來拘束它？要從禪的根本說法，宇宙間無一法不是西來意，雖龜毛之重九斤，青嵐覆藏處，白月照碧潭，莫不是西來意的本來面目。所以西來意是縱横自在，不受任何概念的約束，古來的高僧，各應其境，迎其機，任意自在拈答，就是表現超佛越祖的活生命。

由於禪的風格高雅神秘，絕不是言語所能詮示的，也不是文字所能形容的，必須去體驗，要能體驗到禪的滋味，才能體驗到佛法的真生命，也才能認識中國佛教的特質。小乘佛教拘於形式，大乘佛教近於理論，是故要實現佛陀正覺的世界，唯有「禪宗」才能擔當發揮佛陀正覺世界的生命。

六、《百丈清規》簡述

不問佛光山將來是否推行叢林制度，或採取叢林教育方針，但是今日聚集這許多優秀青年於一堂，除了授以教育之外，對於全體僧眾身心的調攝，必要制定一個符合佛教的制度。尤其對於維持中國佛教千餘年來慧命之《百丈清規》，實有研究的必要。十幾年前，美國就有好幾位學者，從事於《百丈清規》的研究。

所謂《百丈清規》，就是唐代百丈懷海禪師所作的垂示，迄今已一千二百五十餘年。現今藏本《百丈清規》，並非《百丈清規》原本，因為原本久已散佚。現今藏本，是元代江西大智壽聖寺德輝禪師重編。其與百丈原本有無出入，已無法考證。現今《百丈清規》八卷，內分九章：「祝釐章第一、報恩章第二、報本章第三、尊祖章第四、住持章第五、兩序章第六、大眾章第七、節臘章第八、法器章第九。」

由此可知其內容概略。現今藏本清規，究竟哪些是百丈所訂？哪些是後世所增訂？無法考證。唯言無古今，合理者勝。清規名目，由於時代的不同，故名稱亦有古今的區別。就如古稱頭首，今名首座，或曰座元；古稱監寺，今名監院，以及書狀改名書記，僧堂改名禪堂。諸如此類，其名稱雖改，但不改其意。且清規是否適合現代民主社會制度，實有研究的必要。

清代古杭真寂寺儀潤禪師依藏本《百丈清規》，又重行編纂《百丈清規證義記》九卷，對於《百丈清規》各章所列佛事規章，加以解釋，或以事顯理，引證各種經律及古德名訓，加以比較研究發揮其說，使其立意更為明顯。

現今各種佛事儀軌，如傳戒儀軌、水陸儀軌，以及一切佛事文疏，唱誦犍椎等事項，無不導源於《百丈清規》。所以《百丈清規》所列不僅為僧眾必知的事項、知識，且寓有甚深教育意義。凡我僧眾，不論為一寺之主持，或為首領執事，對各種儀軌條文，都應熟讀強記，以備將來做大佛事，如傳戒三師引證，主持水陸佛事，不致臨事茫然，無所適從。即他日主持名山首剎，亦可作諸多示範教育，是故出家僧眾對《百丈清規》應有所明瞭。

就文疏而言，《百丈清規》所列各種文疏，是否出於百丈手筆，姑且不論，但出家釋子，雖不以詞藻為尚，然凡做佛事，必備文疏，而文疏之作，務必依事寫辭，以期要與事理相符。凡我僧眾，倘能於這一方面分心學習，有所心得，臨時任意採取應用，不致鼓弄意識，分散精神。因之，希望佛光山對《百丈清規》不妨成立研究小組，做專題研討，可做為今後改革佛教僧制的依據。

(1)今日要振興佛教，首先必要整理僧制，太虛大師於一九一五年做〈整理僧伽制度論〉，以期重整僧制。千百年來，中國佛教其所以尚能保持佛教獨特純正的面目，不為時代新潮所摧毀，端賴《百丈清規》保持佛教傳統的風範。今日佛教果欲重整僧綱，捨去《百丈清規》以外，別無更完整的僧制可依，故對《百丈清規》實有研究必要者一。

(2)《百丈清規》不僅保持佛教傳統的制度，其戒律生活的典型並融會儒家禮樂為主的生活制度。《百丈清規》雖創於唐代，卻具有今日民主制度的風格，及大同世界的理想，故對《百丈清規》實有研究必要者二。

(3)《百丈清規》以甘守淡泊，勤儉勞役為生活的典型，千百年來蔚成中國佛教的傳統家風。近來社會繁榮，國民生活日漸浮華，而佛教僧寺生活竟有不少受到浮華風氣渲染，漸失本色，實非佛教之福。因此，欲振興佛教，唯有重整《百丈清規》，發揚佛家甘守淡泊的生活精神，以改善社會浮華的風氣，故對《百丈清規》實有研究必要者三。

(4)佛陀隨機設教，原分言教身教，而言教不足，代以身教。《百丈清規》以身教為主，不尚空泛理論，凡一切佛事都以身作則，不唯做到行解並進，並以力行為重。諸位如果打開《禪林寶訓》、《緇門崇行錄》、《五燈會元》等書，就會看到許多古德以身作則力行實踐的芳範。今日僧教育僅以言教為尚，忽視身教，實非佛門之幸，故對《百丈清規》實有研究必要者四。

總結的說，叢林制度不論其教育是否適應時機，但其延續至千年以上，維持其教育一貫的精神，甘守淡泊，持戒修定，不著名利，潛究內典，已蔚成佛教千年來最高尚、潔淨、莊嚴的家風，其所造就出來的優秀人才，何止萬人（此指禪宗而言）！反觀今日佛學院所造就些不切實際的僧才，上焉者只知搖筆桿、寫文章、說大話，做自我陶醉的想法，或想做領袖，以做住持方丈為目的；下焉者既不能甘守淡泊，過出家清淡生活，只有退而返俗。這樣的教育，不唯無補於佛教危機的扭轉，而徒然增加游手好閒的分子，摧毀佛教的生命。

七、今後僧教育的前途

佛光山既以大學教育為目標，要知道大學教育在國家教育體制上，是屬於高等教育。佛教亦復屬於高等教育，其地位愈高，其責任也就愈大。今日佛教危機重重，能否打開一條生路，全看佛教有無人才來決定。因此，我們翹首希望於佛光山領導者及諸位賢哲者，約有五點：

㈠僧教育的使命（責任）　僧教育本屬百年大計事業，所謂「十年樹木，百年樹人」，而主辦僧教育的人，非具有普賢菩薩行願，不足擔當此任。因為僧教育不僅是紹隆佛種，續佛慧命，並要有哲人「為天地立心，為生民立命；為往聖繼絕學，為萬世開太平」（張橫渠語）的抱負，始可言創辦僧教育。因為僧教育不是每個人都可以勝任的，也不是有錢的人或是有地盤的人就可以開辦。要是僅有金錢和地盤而沒有如韓愈所說「傳道、授業、解惑」的智慧，仍不能勝任。即使能開辦也只是曇花一現，掛真招牌賣假藥，落得一個誤盡蒼生的罪名。即以今日國內同道們，比你們院長有金錢的也有，比他地盤大的寺廟也有，比東方佛教學院辦得早的也有，何以看不出他們顯著的成績呢？這就是他們缺乏偉大抱負所致！換句話說，他們不是為教育而教育。今日佛光山僧教育的規模，不但在復興基地臺灣所僅見，即在抗戰以前的大陸佛教，亦復不可多見。今日你們院長可以說真正追隨先賢古德捨己為人的精神，創立佛光山叢林大學，建立十方道場，成就諸位的學業。要知道，你們學業的成就，前途的光明，幸福與榮譽，全由你們院長一人勁力所鑄成。

㈡文化的交流　常言道：「工欲善其事，必先利其器。」今日欲研究學問，我覺得並不十分困難，只要有圖書供我們參考。因此，你們院長已經決定增設圖書，命名為「叢林大學圖書館」，並計畫把他的歷年收藏世界名著及缺版圖書，都拿出來成立大學圖書館，供給全體同學研究參考，實行「見和同解」的宏願，我十分贊成他目光遠大。今後佛光山不論公、私所有財物，都屬於十方僧眾共住公有，不屬於任何一人私有。不僅如此，一個真正的宗教徒的生命，絕不屬於自己所有，是屬於他教主所有；換言之，今日我們既以佛光山為依歸，我們的生命就屬於佛光山所有。佛光山是代表佛陀行道，佛光山常住要我們生就生，要我們死就死。常言道：「色身交與常住，生命付予龍天。」大家果能有這種萬眾一心維護常住的精神。哪愁佛法不興！中國佛教，只要有十個有知識的精誠和合的同道共謀振興佛教，則佛教馬上便能復興。何況佛光山有許多優秀青年呢！大家果能一心一德，佛光山不僅成為國內佛教第一道場，也是世界佛教徒共同依歸的道場。

據你們院長說，他所藏各種版本藏經，多達十數部，以及日文各種名著，國內史學、哲學、科學、文學、藝術等書，亦達數萬冊。將來一旦編號成立圖書館，供給你們參考，不僅縮短你們學業成功的時間，對你們智慧的啟發，思想的開拓，治學方法的改進，都有顯著的幫助；並可收到事半功倍的效力。而對整個佛教學術文化貢獻與影響，更有著無比的力量。同時，我要切實的告訴諸位，圖書對於學業幫助關係太大了。

試以日本佛教對我國佛教影響而言，在近代史上日本真正嘉惠我國佛教界者，不僅在近代學人名著，乃在《大藏經》的整編。日本明治十三年（一八八〇年），弘教書院校對縮刻《大藏經》。明治三十五年（一九〇二年），京都藏經書院復依《明藏》排印問世，名曰《正藏》。明治三十八年（一九〇五年），復蒐集《明藏》所遺之經論，及我國唐、宋、元、明、清先賢古德章疏，歷經十年，至大正元年（一九一二年）始完成，名曰《續藏》。及大正十二年（一九二三年）之《新修大藏經》，最為輝煌。對我國佛教提供了最珍貴的史料，嘉惠後學，實非淺薄。今日吾人得展誦先哲遺著，當銘感彼邦先進歷經數十年之辛勞。若非日本先進，各方蒐集，費數十年心血，編輯成冊，焉能保存迄今！

叢林大學圖書館一旦成立，不僅有助於各人學業，即對各人思想的啟發，更有著重大的影響。試以前人為例：

1. 史一如居士　一九一二年畢業於日本東京大學。精通英、日文，任教京師大學。一九二三年任武昌佛學院教授，首譯《小乘佛學概論》上下編、《因明入正理論講義》、《支那佛教史》及《各國佛教史》、《印度佛教史》、《印度六派哲學》等書。由於國人研究佛學缺乏歷史觀念，史氏所譯幾乎全屬佛教史方面，正可彌補此項缺點，而對於中國佛教發生啟發作用。自此，講佛教史者，無不引用史氏譯著為參考。其中之《支那佛教史》，後來蔣維喬增加了近代史等教章，易題為《中國佛教史》。

2. 嚴又陵　字嚴復，福建閩侯人，他少年時代入福州船政學堂學習駕駛，復被派至英國深造，他和日本伊藤博文同學，伊藤博文自歎不及其才華。嚴氏回國，除在海軍任事外，由於他精通英法兩國文字，把英國赫胥黎的《天演論》，法國孟德斯鳩的《法意》，英國亞當斯密的《原富》，斯賓塞的《群學肄言》，穆勒的《名學》等當時歐洲思想界權威的名著，譯成中文，使中國人提早接受西方最新鮮知識，對於中國學術思想發生了無比啟發的作用。

由此可知，知識的傳播，思想的啟發，對於國家民族的生存發展，有著無比的影響力。我們一個人的思想，絕不可老是停滯在某一個階段，或是限於一經一論的範圍，必要面對現實，不斷接受新的知識、新的觀念。佛法博大精微，我們要以新的觀念，新的意義，予以詮釋，使其適用於現在及未來。

㈢要發揮僧團主義　所謂僧團主義，就是六和主義。今日佛教界一盤散沙，各自為政，自私自利，乃因缺乏六和主義。佛光山既以秉持如來遺教，續佛慧命，理應推行六和主義。我發覺六和主義中，以「見和」、「利和」、「身和」實行比較困難。但今日佛光山既以叢林大學為目標，以教化僧眾為主旨，可說已實行了「見和同解」。全體僧眾衣、食、住、行一律平等，已實行了「利和同均」。一齊共同修學佛法，清淨和悅，已實行了「戒和」、「意和」、「口和」。所謂「身和」，就是各人一律平等，無分彼此，沒有親疏的觀念。所以印光大師、弘一大師（一八八〇—一九四二年），都不受剃度徒子，有了徒子，就有親疏，一有親疏，就有彼此分別，即有礙「身和」。佛光山已經把最難推進的「見和」、「利和」，都切實做到，今後佛光山全員共住一處，絕不會因「利」、因「見」、因「身」等而發生不和。從此，佛光山不但要發揚佛法的真義，並要切實推行六和主義，對全體僧眾福利事業，也應多加注意，使佛光山成為人間樂土，世界樂園，十方僧眾慧命所繫。現前既有育幼院，將來增辦養老院，則儒家〈禮運大同篇〉「幼吾幼以及人之幼，老吾老以及人之老」的精神便可在佛光山實現。以此去改善佛教僧寺制度，改善社會風氣，光大佛門。

㈣發揮實際教育的精神　佛教教育的目的，不僅在啟發吾人的理智，且要培養吾人的德行。理智與德行俱備，始得稱為佛子；因為佛法究竟的來處，不在經典上，乃在於吾人身心。一個人品德高，他所發揮的理論也隨之而高，要是品德差，縱使說得天花亂墜，其所得之效果，也隨之而低。所以僧教育必要行解並進，尤其是禪宗，力主實行，故以反玄學而重實用，反理論而重實驗，符合科學的精神。因此，我希望佛光山增設禪堂，使全體僧眾在課堂上所學得的理論，搬進禪堂裡作實際的參究。禪堂，就是我們實驗室，使得佛法真理立於顛撲不破的地位，以適應現在、創造未來。

㈤要發揮禪學的精神　禪非是訴諸理論所得的一種知解，更非依於信仰所得的一種宗教，所以「禪」重視直覺尤甚於理性。所以「禪」不同哲學家依於推理所獲得的知解，而以直覺把握住自己人格中心。這個中心截斷一切相對的概念，活潑潑地透露出「冷暖自知」的妙悟心境。這種心境離言絕思，「說似一物即不中」。近世歐美人士惑於哲學的玄想，二次世界大戰後，西方人們精神陷於長期恐怖狀態，故多傾向東方佛教的禪宗。美國許多人士醉心於禪學的探究。日本鈴木大拙先生曾以英文寫著，使艱深難解的禪學通俗化，竭力向西方介紹，為西方人士所重視，其對世界人類思想影響極大。西方人一向認為中國宗教和哲學思想完全表現於孔子和老子身上。殊不知道，我們只要打開《傳燈錄》、《五燈會元》便會發現，佛教何止一位孔子和老子那樣偉大的人物？即以馬祖道一禪師而言，因為馬祖禪師在禪宗裡所表現的師道尊嚴人格精神及禪機的風格，不僅無遜於孔子和老子，且孔子有「弟子三千，賢者七十」，而馬祖入室弟子一百三十九人，個個都是法匠，可謂有過之而無不及。近年來我國也有某些禪師在美國提倡坐禪，修學禪定工夫，但禪的根本精神在求開悟。所以今後要向西方世界宣傳佛法，若以文字禪如鈴木大拙先生，僅以比量分別知解，說明禪學的內容，等於「說食數寶」，仍嫌不夠。要是僅以形式打坐，冥思觀想，更不足發揮禪學的妙悟，要想以此折服西方睿知深遠的科學家，恐難收到預期的效果。必須以反玄學而重實用，反理論而重實驗的禪學精神，以般若直觀智，作實際參究，截斷一切分別知見的源流，開發等同六祖惠能直覺的妙悟，以根本無分別智，實證諸法平等真理，始可具體的領會佛法根本的滋味。

本題講到此，暫告一段落，不過我要向諸位表示遺憾的，就是這次對本題未能充分的發揮。許多地方，因為時間關係，未及詳細的闡述；要詳細闡述，非有三星期時間不可。現今只有一個星期時間，自然不能暢說，希望諸位原諒！

一九七四年十月十五日

論禪學之真義——兼論胡適博士「禪宗史的一個新看法」

禪，究竟是一種什麼知識，這是一個不容易解答的問題。因為禪不是一種理解的知識，而是超越的、神祕的，是透徹一一知識的精神根柢，是創造出唯一本來生活的淵源，是人類慧命活動的基礎，是一向存在於吾人的血液裡，只要我們不斷地活動於向上的生活裡，就能領略到禪的風味！

近來，中外學人對於禪學，似乎頗感興趣，但都喜歡依於文字談般若，顯然都未能涉及到核心問題，近乎瞎子摸象，始終無法登堂入室。就如已故的胡適博士（一八九一——一九六二年）亦不能例外。我所看見的胡先生兩篇有關禪學著作，一是〈神會和尚傳〉，一是講稿「禪宗史的一個新看法」。這兩篇文章，都以神會和尚為中心，而涉及到《六祖壇經》真偽問題。

一

胡先生生前為什麼對禪學會感到興趣，我雖沒有看見他在文章裡表示過，但據個人的猜測，我相信他並非為參禪而研究禪學，是為了要完成他的那部《中國哲學史大綱》而研究佛學，因為他的《中國哲學史大綱》僅完成了上古時期一段，而中古時期中國哲學思想受了來自印度佛學思想的影響。南北朝時代佛學思想，不僅融合儒家思想，並把老莊清談格義的思想與般若空觀思想融會一起，於是結成儒釋道混合的哲學思想。在兩晉融合儒釋道思想最著力的，則有僧肇與道生兩人。

僧肇、道生同為羅什門下傑出的弟子，且同以佛學發揮老莊的思想。正當競趨教學研究的時候，僧肇卻高唱「忘言」，道生大呼「頓悟」，於是一唱一和，便構成中國佛學史上千古的絕唱！

僧肇本精通老莊學說，因讀《維摩詰經》，頗有啟發，後從羅什（三四四—四一三年）學，於般若悟發天真，稱為解空第一（慧達《肇論》序）。他所做《肇論》，即〈物不遷論〉、〈不真空論〉、〈般若無知論〉。他的三論融會了印度佛學與中國玄學，而對佛學、玄學同主貴無賤有；以無為本，萬有為末。亦即後世哲學上體用問題，發揮他的卓越見解。他的般若無知的思想，本來自老莊，老子說：「大智若愚。」莊子說：「聖人之用心若鏡。」因此，他把般若比喻為鏡子。般若本譯為智慧，但何以又說智慧為無知呢？因為真正的智慧如同鏡子，世間一切物形，只要出現在鏡子前面，就會反映在鏡中，鏡子本身無所有。假使鏡子本身先有固定某種物形存在，就不能反映出其他物形了，聖人的智慧也是這樣，雖說無知，卻是無所不知。因為他是空虛的，唯其是空虛，才能容納一切，就如同鏡子一樣的道理。

道生是僧肇的同學，也是羅什的弟子。他生於東晉簡文帝咸安二年（三七二年），他賦性聰明，悟發天真，深得般若掃相之義，處處超然象外，以體會宇宙之真，故其學稱為「象外之學」。他與僧肇思想，顯有不少的距離。僧肇一面承繼羅什般若學，一面因他早玩莊學，故以莊學的理論迎接佛學，把佛學老莊化、玄學化。道生既非承繼般若學，亦非以莊學理解佛學，他是善於思惟的人，經他「潛思日久，校閱真俗」，發出兩大創見：一是闡提有佛性義，一是頓悟義。他說，人人都可成佛，在當時佛教雖屬大膽的創見，但在中國思想史上，卻早有類似的主張。人人皆可成佛，這與人人都可為堯舜，又有什麼區別？嚴格來說：生公所立人人皆可成佛，這不獨貫徹釋尊一切眾生皆有如來智慧德相的遺教，並揭出佛教適合中國人傳統崇高的願望。中國人傳統觀念，是人文精神，人人皆可成佛，也就是人人有分！孔子教人獲得滿足，即在現生之現實生活上，故說人人皆可為堯舜。今生公改口說人人皆可當身成佛，不必再待出世與來生。生公的頓悟義，「當下即是」，這才使佛學變成中國化之佛學，他的目的，就是建立中國本位文化的新佛學，承繼中國文化的道統，使佛學於中國文化思想裡生根，至六祖始開花結果。把中國人傳統人文精神，至高人格精神，從佛性裡完整地表現出來，這是佛性思想深入中國文化思想中二千年來水乳相融的一個特殊因素。

二

從兩晉南北朝，以迄於北宋初，這一段時期為佛學時代，儒家全入睡眠狀態，除卻佛學，更無所謂學術，第一流思想家，皆為佛學家。即使有一、二聰秀的儒家子弟，亦都相繼歸向佛教。這如龐蘊（？—八〇八年）、荊溪、丹霞，都出於儒門。此一段時期之中國佛學，都循著道生佛學思想之人文精神的路線，並開創後來天台、華嚴、禪宗，純粹中國化的佛學。至六祖惠能大師，不僅使佛學中國化，並使其為禪學化了。五祖以後，宗分南北，並有慧安（五八二－七〇九年）、玄珪，以及六祖下有青原行思、南嶽懷讓、永嘉玄覺、崛多三藏，其次有荷澤神會、南陽慧忠等，於是造成了初唐時期禪宗勃興的氣運。到了中唐時期，馬祖、石頭、徑山、南泉、天皇、藥山、百丈、龍潭、丹霞、趙州、雲巖、鳥窠等輩出，禪的宗風，便震撼了整個大江南北。及到晚唐時期，青原與南嶽派下，更分為「五家宗派」，及「五家七派」，在傳承上雖有許多派別，但無不仰承於六祖的頓悟宗風。當時不獨高僧大德都出於禪門，即帝王公卿，文人雅士亦無不傾向禪化，若中宗、睿宗、裴休、白居易等，也都受過禪學的陶冶，唐代禪宗的文化，風靡天下。至宋明新儒學繼起，一面襲取禪宗心性說，一面擴充新儒學思想，因此造成數百年儒學禪學化；不啻承繼佛學的精神，並把中國傳統人文精神從佛學裡完全表現出來。要追溯其源流，這不能不歸功於生公現身說法倡導於前，六祖繼之於後；故生公應尊為宋明新儒學的遠祖，惠能為近祖。

胡先生是位博古通今的史學家，當然對於此一連貫性中國化之禪學史看得很清楚，因之，他要繼續那部《中國哲學史大綱》，就不得不從事於佛學的研究。但從兩晉一直至北宋初，在這一個長期主導中國文化之佛學思想，尤其是禪宗，要是一一加以考據，何時才能終結？於是他想出一個「避重就輕」的手法，拉出一個善於活動的禪和子——神會和尚——出來，大做其搭題文章，藉校對唐宋《六祖壇經》，「發現宋本較唐本加了三千多字」，認為新材料，「就產生一個新看法，說惠能傳法恐怕也是千古的疑案」，於是大捧神會和尚為禪宗革命思想家，並舉為第七代祖，而否認六祖在禪宗史上的地位。否認了六祖，也就等於否認了兩晉以來佛學在中國學術思想史上的地位，六祖為集兩晉以來中國化佛學思想之大成，猶如孔子集儒家思想之大成。胡先生認清了這一點，所以他的懷疑《六祖壇經》，否認六祖地位，這與他五四運動時高喊打倒孔家店，把線裝書丟入毛廁坑裡，同出一轍。畢竟由於六祖定力強大，胡先生並未能震撼掉他的第六代祖師的榮冠！

三

胡先生的那本《神會和尚傳》，我也看過。的確也虧他從巴黎圖書館抄回來，胡先生以他考據歷史的眼光，來考據《六祖壇經》字數多少，因而「懷疑惠能傳法也是千古疑案」——禪宗史的一個新看法。考據工作在學術研討上雖有相當的地位，但並不能影響某一種學術思想的存在與否。我同意錢穆先生的說法：「學術研討上不能抹殺考據工作，但考據工作在學術研討上其地位亦有限，不能單憑考據，便認為已盡了學術研討之能事。」考據工作，在禪學思想上完全失去了作用，因為禪根本不需要這些勞什子。

禪，雖屬於佛教的一宗，它以「不立文字，教外別傳，直指人心，見性成佛」為宗旨。既「不立文字」，就不依據經典；既「教外別傳」，就不立於理論。「見性」，只是「成佛」的一種境界。這種境界，也不是可以向人道得的。所以古人說：「禪宜默不宜說。」或說：「禪之一字，聖凡罔測。」可見禪是何等超越！禪，雖不立文字，並不否認文字經典，只是不拘泥文字，修多羅教如標月指。圭峰宗密在〈禪源諸詮集都序〉說：「達摩受法天竺，躬至中華，見此方學人，多未得法，唯以名數為解，事相為行。欲令知月不在指，法是我心故，但以心傳心，不立文字，顯宗破執，故有斯言，非離文字說解脫也。」這是要我們向心中覓取活生命。

《楞伽經宗通》卷三說：「若頓悟本心，一超直入如來地，開佛知見，得自覺聖智，三空三種樂住，所謂禪定、菩提、涅槃。」於此可知禪以心為主體，只要我們一旦頓悟自心，便會自然而然地發現「道本圓成，何假修證」，直超自覺心源，體驗到絕對生命所在，達到「冷暖自知」境界。所以禪只是以自性自發為中心，不以歷史、文字經典為依據。因之，《楞伽經》也好，《金剛經》亦好，《六祖壇經》也好；真的也好，假的也好；多一字，少一字；壓根兒這些東西，都不是禪的生命，亦非真理的本身。《楞伽經》曰：「我與諸佛及諸菩薩，不說一字，不答一字。所以者何？一切諸法離文字故。」因此，宗門祖師，要人自發自悟，以「不立文字、教外別傳」為標榜，不獨否認經典，燒燬經典，甚至以為釋尊說法為禍胎，遺害後來子孫撒尿潑糞，至人無出身處，當面要與三十棒，貴圖天下太平。這種口氣，要以教家來說，真是罪大惡極，但宗門要人頓悟自心，不落於知見，故做此說。

我們於惠能與神秀競選第六代祖師的寶座，亦可看出其見地。惠能之所以獲得第六代祖師榮冠，就是由於他能打破明鏡，否認菩提，立於「無一物」的境界。這個「無一物」成為禪宗絕對的生命，是掃除一切知解的利刃，六祖接物利生，都以這個為先鋒。他一日告徒眾說：「吾有一物，無頭無尾，無名無字，無背無面，諸人還識否？」當時神會便曰：「是諸法之本源，乃神會之佛性。」祖曰：「向汝道無名無字，汝便喚作本源、佛性，看汝將來即是有出頭一日，也只成個知解宗徒。」神會以為依文字知解即可了徹諸法的本源佛性，殊不知道，知解，乃是一種妄見，向上一著，一法不立，千聖也不能道出一句。因此，被訶為知解宗徒，哪裡能稱得為頓悟的領袖呢？

四

黃梅以後，宗分南北；南方以惠能為代表的頓悟，北方以神秀（六〇五—七〇六年）為代表的漸悟。後來神會打著六祖頓悟的旌旗，跑到河南大吹頓悟，說「兩京法主，三帝國師」的神秀是假宗，唯有他的老師是真的，當時就被北方人眾驅逐出境，不能立足。後因安祿山叛變，兩京陷落，唐明皇遠走四川，郭子儀因為軍餉困難，朝廷為籌餉鬻賣度牒，神會本來是位善於活動的人，就利用這個機會起來報效國家，開始將傳戒所得資金全充軍餉，並協助進行推銷度牒。安祿山平後，朝廷為酬謝他為國家效力，於是召神會進京，並允許他在北方弘揚頓悟的禪宗。由於他得到朝廷的幫助，同時，神秀已死了三十多年，北宗顯然衰落，人才凋謝，也無人出來酬答。胡先生抓住這一個事實，就大捧神會為禪宗革命家，說他為頓悟的領袖，為禪宗第七代祖師。頓悟雖屬心地工夫，但也不容假借的。達摩臨回印度時，便考問門人心地工夫如何？當時門人道副說：「如我所見，不執文字，不離文字，而為道用。」祖曰：「你只得我的皮。」尼總持曰：「我今所解，如慶喜見阿閦佛國，一見更不再見。」祖曰：「你得我的肉。」道育曰：「四大本空，五蘊非有，而我見處，無一法可得。」祖曰：「你得我的骨。」最後慧可禮拜達摩，依位而立。祖曰：「你得了我的髓。」因此，便將大法傳於慧可。達摩又曰：「吾逝後，法雖大榮，知道者多，行道者少，說理者多，悟理者少。」這是達摩洞悉後來眾生，告誡慧可的話。

神會心地工夫如何？六祖親自考問過，訶為「知解宗徒」。由於神會倡導，禪宗直指人心，見性成佛的頓悟，早經喪失。先有宗密繼承，後有永明的發揚，圭峰、永明不獨為知解宗徒，並為知解教徒，於是宗門落草更深，不復見離言妙悟的真善知識。神會在禪學史上地位，始終不及青原行思與南嶽懷讓。事實上，懷讓的「說似一物即不中」，乃直透六祖「無一物」的心地，貫徹達摩廓然無聖的頓悟。而六祖的「無一物」，不獨否定了一切相對法，並有更高的肯定，所以無門慧開於此喚起人注意「莫作虛無會，莫作有無會」，這個「無」，是絕對的「無」，是佛，是心，是禪的絕對生命所繫，所以後人展開地說：「無一物中無盡藏，有花有月有樓台。」後來宗門發揮

「無」字宗風，愈發愈積極，乃至趙州「狗子無佛性」的無，無一不在發揮六祖「無一物」的宗風，神會既經六祖勘定為「知解宗徒」，又怎能稱為頓悟的領袖？尊為第七代祖師？他於禪學究竟算得了些什麼？是皮？是肉？是骨？是髓？明眼人自然會了解。近人喜歡依於文字談禪學，似乎距離達摩祖師禪更遠矣！

再論禪學之真義

一、禪學不是宗教

關於禪學思想問題，本不想多表示意見。只因有些人始終以歷史知識來衡量禪學，甚至把禪學當作古董在考據，而忽視思想參透；把禪學的心性問題，說是宗教情緒。其實，依於文字考據某一種學術思想史，也許有相當的價值，但要以此來考據禪學思想，顯然落於第二義。因為依於文字談般若，宗祖早訶之為「說食數寶」。禪學乃「心性」之學，不講「明心」，不談「見性」，太過偏重歷史考據，言說分別，顯然步上神會的後塵，陷於知解，這是今日禪學不彰的一個主要因素。

首先需要說明的，禪學雖來自印度，但傳至中國，因吸受了大量中國的思想，可說是中國產物。到了唐朝，便成為中國宗教改革及文藝復興的先鋒。因為禪不同於其他的宗派，既無所依的經典，也無信仰的對象，以入禪定三昧而得解脫為目的。所以禪宗不但沒有一切宗教儀式，也沒有一般宗教的迷信。它的精神，是積極的，是反宗教，反玄學，而富有實用科學的精神。它要從冰天雪地裡開出禪宗的精神，要從日常人生中認取它主張人性自發，自性迷即眾生，自性悟即是佛，以及萬物盡在吾心。不唯如此，唯恐後人落於種種知見，不能自性自發，丹霞既燒木佛，百丈不立佛殿，不但否認經典，並更進一步對教主，不惜訶之，罵之，棒之，要一切人從自己煩惱中，從宗教束縛中解放出來，而重新回到現實人生第一義——「明心見性」，自性真光，透天透地，成為頂天立地大丈夫相。因此，香嚴一日因鋤地芟草時，擲瓦片擊竹作聲，廓然省悟；靈雲因見桃花而開悟。這些都是從日常生活中，領悟到本來面目。故在宗門搬柴運水，莫非神通，嬉笑怒罵，皆成妙契。這種種行為，不僅脫離一切宗教儀式、崇拜，回歸到自性，頓悟自心，本來是個佛，試問還有什麼宗教可說？

同時，宗教一詞，本屬舶來品，並非國貨。因為凡屬宗教必崇拜一個創造宇宙萬物的神，佛教則否。佛教對於宗與教另有其解釋，而不同於一般宗教。佛教根本的目的，是要人覺悟人生的原理，如「人生從何來，死向何處去？有無終結？」等問題，而覺悟的方法，不是向外找，乃向自心中求。佛教要人明白這個道理，並不是要人迷信，人果能覺悟，人人便是佛，故佛說「人人皆可成佛」，何異儒家說「人人皆可為堯舜」？此與西方宗教只許一個上帝，不許人人皆為上帝，迥然不同。釋迦牟尼佛，在佛教是居於先知先覺的地位，佛弟子從其修學，奉為先覺，並不含有「佛陀至上」的意思。佛說「依法不依人」的開示，便顯出佛教重視法的精神，遠勝過於教主。

禪學為究明「心性」之學。《楞伽經》曰：「佛語心為宗，無門為法門。」故禪學又名「心宗」，或曰「心學」，亦可曰「內學」，均在發揮「心性」的真光。達摩祖師答覆梁武帝的問話，首先揭出「廓然無聖」的「無」，遂開出後來六祖頓悟禪宗之「無一物」的宗風；以及即心是佛，無聖無凡，一切眾生皆有佛性，心佛眾生三無差別，究竟菩提歸無所得。這些妙悟的說法，都是發明「心性」，否認神格，是人世間絕對的真理。「心性」是禪學的中心論題，也是東方哲學的原理，在禪學名之曰「本來面目」，在孔子名之曰「天理」，在《易經》名之曰「太極」。名目雖多，但不外同一「心性」。此後中國，無論於哲學思想，或文化藝術，或詩人筆下，所表現一切靈空，超越、灑脫的意趣，幾無一不受禪學思想的啟發；尤以促進宋明新儒學的產生。是故禪學不啻為東方文化的精髓，因而，體得了禪，才能體得了東方文化的精髓，亦非過言。

若周敦頤、張載、程顥、程頤、陸象山、朱熹、王陽明等，無一不曾用過禪學的方法，探求人生的原理，發明心性。周敦頤參壽涯禪師先天偈，著《太極圖說》。二程往禮周敦頤，周即命參「孔子顏回所樂為何事？」。程子授學，半日讀書，半日靜坐，且常令門人觀察「喜怒哀樂未發前之氣象」。此與禪家參透「生從何來，死從何去？」，又有什麼區別？陸象山說得更為明顯：「宇宙即吾心，吾心即宇宙。」故宋明新儒學內在精神幾全與禪學意趣發生密切的關係。禪學要清心寡欲，他們也談清心寡欲；禪學要明心見性、見性成佛，他們也談盡心知性、盡心知天的道理。都是要人從自心認取人人本來是個佛，是個堯舜。從此印度悲觀厭世的佛教，一變而成為中國積極大機大用的佛教。禪學所講「明心見性」的自證，既不仰賴於天，也不寄託在來世，即在日常生活中，當下即是。煩惱即菩提，娑婆即淨土，一轉眼間，明心見性，便成為天堂。這不僅否認了佛教的傳承，並且肯定了中國人，「個個圓成，人人具足」的佛性種子；不流一滴血而完成了宗教改革的使命。因此，「儒家大同世界」的遠景，便可從禪學裡獲得實現。所以宋明新儒學，不僅把印度佛學思想完全移植過來，並且融化為己有，使其成為中國化的佛學。所謂佛學中國化，就是盡量沖淡佛學宗教的氣氛，加深人生的意味。而《六祖壇經》的思想，尤重視人性自發。他較諸道生更為生動，更具刺激性，更令人興奮於人性自覺。六祖常說：「一切般若智，皆從自性而生，不從外入。」「自性能含萬法。」「不修即凡，一念修行，自身等佛。善知識！凡夫即佛，煩惱即菩提，前念迷即凡夫，後念悟即佛，前念著境即煩惱，後念離境即菩提。」「十二部經，皆因人置。因智慧性，方能建立。若無世人，一切萬法本自不有，故知萬法本自人興。一切經書，因人說有。」「不悟，即佛是眾生：一念悟時，眾生是佛，故知萬法盡在自心，何不從自心中，頓見真如本性？」

因此，禪學思想永遠屬於人性的思想，禪宗文化，是人性的文化。宋明新儒學便沿著禪學人性自發的目標，向人生道上更進一步，便回歸到先秦儒家修身、齊家、治國、平天下大群人生社會，使人性昇華，即從日常生活中可達到人人皆為堯舜。此一觀念，全從禪宗搬柴運水皆成妙契手裡轉來。

二、禪學不是訴諸理論的哲學

宋明新儒學之所以有這種卓越思想的產生，遠受道生「闡提之人皆有佛性」，以及「善不受報，佛無淨土」等開導，近受六祖頓悟思想的啟發。道生的思想，尤為明顯。他的人人皆可成佛，不啻「為生民立命」。他的闡提人皆有佛性，又不啻「為往聖繼絕學」。這是千古絕唱，也是古今一切希聖希賢的人們共同的目標，不再有所謂西方佛法，以及向外求法了。六祖說得更為露骨，他說：「人有兩種，法無兩般，迷悟有殊，見有遲疾。迷人念佛求生於彼，悟人自淨其心，所以佛言：『隨其心淨即佛土淨。』……東方人造罪，念佛求生西方；西方人造罪，念佛求生何國？凡愚不了自性，不識身中淨土，願東願西。悟人在處一般……念念見性，常行平直，到如彈指，便睹彌陀……若悟無生頓法，見西方只在剎那；不悟，念佛求生，路遙如何得達？」這是闡發自性彌陀，隨其心淨則佛土淨的要諦，因此，說無明即真如，煩惱即菩提，娑婆即淨土，無異說一切塵俗世界，即是清淨佛土，何須再求東方西方？自此，印度出世的佛教，傳入中國之後，因吸收了中國文化的新血液，便轉為積極入世的中國化人文佛學了。宋明新儒學興起，完全採取禪學思想與修身方法，要從自心自性中認取修身、齊家、治國、平天下之大原則。要是今日還認中國佛教是一個出世的宗教，把「心性」之學的禪宗，說是宗教行為，顯未了解中國佛教思想發展的真象，更未了解禪學的真義！

五四運動以後，由於偏重於西方物質文明，對重視中國精神文化的人，不是斥為「玄學鬼」，就譏為「開倒車」。於是從打倒「孔家店」聲中帶來唯物史觀的「宗教是鴉片煙」口號，排斥宗教。哪知我們排斥宗教，卻讓唯物史觀思想乘虛而入，向青年人心理上滲透、分化，蠱惑他們破壞社會秩序，可說我們已經吃盡排斥宗教的苦頭。不料今日還有人主張學術與宗教分開，甚至說學術不是宗教，顯然受了排斥宗教的鼓勵，似乎宗教不應參與學術的園地；這不獨顯出學術園地是如此狹窄，同時也顯出學術失去了純正客觀性與理智性了。其實學術與宗教，雖屬兩個不同的名詞，但學術的精神，在探求真理，宗教本身，就代表了真理。所以宗教不僅為信仰，崇拜，並有其超越性的學術精神，現在不是有宗教學及比較宗教學嗎？是故兩者仍有相通處。梁任公曰：「歷史上英雄豪傑能成大業，轟動一世者，大率有宗教思想的人多。並以泰西克林威爾再造英國等為例。」故繼之曰：「無宗教思想則無統一，無宗教思想則無希望，無宗教思想則無解脫，乃至無宗教思想則無忌憚，無宗教思想則無魄力，可知宗教思想，並無負於國家民族者。」故任公又曰：「佛教是宗教，是哲學。」因此，佛教亦可勉強稱為宗教，但其主要，乃為學術。

禪學之精神，在掃除一切知見，根絕一切推理演繹的理論，要人自性自發。因之，禪學不是專門訴諸理論的哲學。我們只要稍覽禪宗語錄，便可了知宗祖那種直覺開悟門人的方法。例如：「擎拳豎拂」、「一喝三日耳聾，一棒通身骨露」、「虛空粉碎聲前句，大地平沉於掌下」。這種不假言語，直覺的開示，不獨顯出禪學的超越性、神祕性的風光，並且是世間最博大、最精微的境界，宗祖稱之為「絕學」。現在有些人步上日本人的後塵，把禪學當哲學研究，既不談「見性」，又不信「教外別傳」，太過偏重歷史考據，把歷史知識當為真理。似乎只有歷史知識，才是禪學。分明欺天下人都不讀書，都不懂知識，唯有他才懂知識。甚至要把禪學與禪學史分開，施用分屍清算的手法，將千百年來整體禪學史弄得支離破碎，加速地摧毀世人對禪學的信心而後為快。殊不知這是一體兩面的事，何能分開？試問：「不談修證，不講『明心見性』，還有什麼禪學可說？」

三、《壇經》只有版本問題，不應有真偽問題

談到《六祖壇經》，現存有二種版本，一是《南宗頓教最上大乘摩訶般若波羅蜜經

六祖惠能大師於韶州大梵寺施法壇經》一卷，並受無相戒弘法弟子法海集記，這是根據古敦煌本大英博物館藏本，即所謂敦煌本。一是《六祖大師法寶壇經》，風幡報恩光孝禪寺住持嗣祖比丘釋宗寶所編。這兩本均載《大藏經》四十八冊內，但此兩本內容詳略懸殊，前者較略，其內容不獨未分部門，且闕少第七〈機緣〉，第九〈宣詔〉兩段文字，此最明顯，顯然都非原始《壇經》之真相。胡適之先生根據敦煌本校對宋版《壇經》，當然會發現宋版多了三千多字，於是發生對《壇經》提出真偽問題。其實：《壇經》只有版本問題，不應有真偽問題。

因為六祖惠能大師是位未受過教育的人，他所講的法要，只是一個原則、綱領，由他的門人法海集錄而成書，名曰《壇經》，或曰《法寶壇經》，並無大師執筆親書隻字。他的門人，及後世門人弟子，為求其思想更為明達，更加生動，在字裡行間，增加竄入，乃意中事。因此，唐以後《壇經》內容字數發生多寡問題，但絕不能因此涉及六祖大師人格精神及《壇經》宏旨。例如《論語》，雖為孔子所講，但孔子所講，亦只是原則、綱領，孔子亦未親書隻字，由其門人集錄而成書。今欲考據《論語》原型版本，固屬不可能的事，即使今日版本異於唐宋本，乃至秦漢本，但亦絕不能因而涉及到孔子在中國文化史上的地位。後人如果沒有一部《論語》，也就無法窺見孔子偉大的人格精神！

宋元明版本《壇經》，當以現存元朝至正十一年辛卯（一三五一年）南海釋宗寶所編之《壇經》，較為完備。凡有十門：行由、般若、疑問、定慧、坐禪、懺悔、機緣、頓漸、宣詔、付囑；外有附錄。《壇經》初為韶州刺史韋璩命惠能門人法海集錄，自來無異議。後世節略竄改不少，以致不見祖意大全。先是至元二十七年庚寅（一二九〇年）比丘德異目睹《壇經》為後人竄改太多，乃經三十餘年奔走，多方探求古本，乃於通上人尋到全文，遂刊于吳中休休禪庵，與諸勝士同一受用（《大藏經》四十八冊四六頁）。可見當時《壇經》早有竄改，釋宗寶根據德異本更校對三種異本，校正節略；並增入弟子請益機緣〈宣詔〉兩段印行。於是《壇經》經宗寶校正，增入竄改，始有今日較為完備之《壇經》本。卷首除德異〈六祖大師法寶壇經序〉，並有宋明教大師契嵩（一〇〇七—一〇七二年）撰〈六祖大師法寶壇經贊〉，最後附錄法海等集〈六祖大師緣記外記〉一篇，〈歷朝崇奉事蹟〉，柳宗元撰〈大鑑禪師第一碑〉，劉禹錫撰〈大鑑禪師第二碑〉，並〈佛衣銘〉，末有宗寶〈跋〉。德異並引證明教大師贊云：「『天機利者得其深，天機鈍者得其淺』，誠哉言也！余初入道，有感於斯，續見三本不同，互有得失，其板亦已漫滅，因取其本校讎，訛者正之，略者詳之，復增入弟子請益機緣，庶幾學者得盡曹溪之旨。按察史雲公從龍，深造此道，一日過山房，睹余所編，謂得《壇經》之大全。」由此得知宗寶本所增入者當不少，但未引用敦煌本懸記「吾滅後二十餘年……有人出來，不惜身命……弟佛教是非，豎立宗旨」一段，敦煌本或為宗寶所未見，或在宗寶所見三本之外，或敦煌本僅傳於北方，因而闕錄。

丁福保氏根據明朝正統四年黑口刻本，及嘉靖間五台山房刻本，以此兩刻本，校勘其異同。但以正統本為優，法海所撰〈法寶壇經序〉，尚未改為〈六祖大師緣記外記〉，即其序文亦未為後人所竄改。正統本有無名跋一段，嘉靖本則摘錄跋中數語，名曰〈歷朝崇奉事蹟〉，乃大刪其跋文。正統本分為九門，嘉靖本分為十門，其間詞句竄改，至為明顯。竄改古書，始於北宋，凡疑文脫字者，輒以己意加以竄改。古書六經，幾無完本，以致波及佛經，《六祖壇經》，自不能例外。凡有言錯簡者，則移其次第，有言脫簡者，則以他書補入。但所竄改者，均屬小節，絕不涉及思想問題。故知《壇經》的竄改，當在正德嘉靖間，明人好竄改古書，已成為風氣，不獨佛經如此，五經四書，若一一加以考據，幾無一未經竄改者也。

由於宗寶所編的《壇經》，玉石混淆，以致後人對本書不少疑似之處。例如〈佛衣銘〉曰：「元和靈照，其餘事蹟，係載唐尚書王維、刺史柳宗元、刺史劉禹錫等碑。守塔沙門令韜錄。」即此數語，可知當時神會請王維撰六祖碑，令韜尚在，故得見之。但柳宗元、劉禹錫之世，其去六祖圓寂已百餘年，其所撰二碑，自非令韜所及見。此句有柳、劉二人之名，顯屬後人竄入。〈真假動靜偈〉，《傳燈》、《會元》、《正宗記》等均未刊錄。此偈唯古本載之，宗寶本所載，當屬後人竄改無疑。故知《壇經》只有版本異同，胡先生對此發生懷疑，顯屬多餘之事。

四、《壇經》只有見性問題，不應有思想問題

「明心見性」，是禪學根本的立場。如何才能「見性」？那必要經過參透思想，體驗事實的工夫。宗祖說：「要大死一番，身心脫落，頓悟自心，本來是佛。」否則，永不能觸及到此種境界真實處。因為，禪是第一義諦，是佛陀自覺心境，達摩稱之為「教外別傳」，或曰「聲前一句」，非是言語所能表示。《楞伽經》曰：「第一義者，聖者

自覺所得，非言說妄想覺境界。」是故言說，不能顯示第一義。

達摩西來中土，見此方學人，多未得法，唯以名相為解，事相為行，故不涉名言，不假修證，唯重「直指人心，見性成佛」，故特以「見性」一語，開創了禪宗。神秀與惠能競選傳法書偈，其關鍵，即在見性與否。一個是七百人的上座，又是位教育家；一個是目不識丁的樵夫，又是白衣。照常識來說，無論如何，惠能不是他的對手，可是問題就出在這一方面。因為神秀立於修證的漸位，以言說為主，陷於「菩提」、「明鏡」一切相對的概念。而惠能頓悟自心，立足於頓悟，以見性為主，否絕一切相對的知識，抽象的概念。因此，不獨要打破「明鏡」，否認「菩提」，並且積極地揮出「無一物」的慧劍，直向被情識知解所縛的神秀胸膛猛刺，把千聖不傳「聲前一句」的消息透露出來，於是獲得六代祖師的榮冠。五祖為他講《金剛經》，至「應無所住而生其心」，惠能大師言下大悟，一切萬法不離自性，遂啟祖曰：「何期自性，本自清淨；何期自性，本不生滅；何期自性，本自具足；何期自性，本無動搖；何期自性，能生萬法。」

祖知悟本性，故付以衣法，許為第六代祖。

由於頓悟自心，始有此妙悟的說法，否則，絕不能如排山倒海一般流露出頓悟自心內在活生命。也就是五祖寧可將大法付給一字不識的樵夫，而不付給善於說法的七百人教授的道理。

由此得知，「見性」為禪宗的內生活的要諦，無論何種場合，或何種時代，都不離開此一內生活立場，否則，就失去禪學的意義。要是丟開「見性」，而以妄心說法，儘管說得天花亂墜，或利用多種語言文字，來表揚禪學的內涵，那只是一種文字禪、口頭禪，宗祖斥之為「野狐禪」，而非祖師禪，更非如來上上禪。因為禪的真相，不容有閒言語，是絕思絕慮的根本法。所以古德開示門人，總要離開言說，顯示禪的第一義。試舉《碧巖錄》第七十三則，提示禪的根本法：僧問馬大師：「離四句，絕百非，請師直指某甲西來意。」馬師云：「我今日勞倦，不能為汝說，問取智藏去！」師著語云錯。僧問智藏，藏云：「我今日頭痛，不能為汝說，問取海兄去！」僧問海，海云：「我到這裡卻不會。」僧舉似馬大師，馬師云：「藏頭白，海頭黑。」

馬祖道一嗣南嶽懷讓禪師法，住江西，法人滿天下，也就是西天二十七祖預示的「馬駒踏殺天下人」的人物。「西來意」，是禪宗最重要的公案，其開端始於馬祖。這個問意，來自達摩大師答梁武帝的「廓然無聖」。因為「廓然無聖」，不但否絕一切相對的知識，抽象的概念，更把世間一切議論、開示、說法都否絕掉，而顯出超凡入聖自證自悟真境界。然而，達摩西來究竟帶來些什麼？就請馬大師指示。既曰「離四句，絕百非」，是無言無說。在無言無說當中又從何說起呢？於是所得的答語：一個推「勞倦」，一個推「頭痛」，一個推「不會」，把「西來意」愈推愈莫名其妙，致後來祖師關於「西來意」問答，無慮數百次反覆的商量，也就是種因在此。要從理論上說明「西來意」，畢竟是不可能的，何況又是「離四句，絕百非」，又從哪兒說明祖師「西來意」？可是從「勞倦」、「頭痛」、「不會」上，卻把祖師「西來意」赤裸裸地完全顯露出來。

因為禪的根本法，是法住法位，有佛不增，無佛不減，永恆地存在著，是離開言說相，是絕思絕慮活動在吾人眼前。等於問道，如何是祖師「西來意」？答曰：「柳綠花紅。」因為一切法，法住法位，又如何道出「柳是綠」、「花是紅」的本來面目呢？因此，馬大師說：「藏頭白，海頭黑。」無異說：鷺是白的，烏是黑的，青是青的，紅是紅的，不用理論分別「離四句，絕百非」的言詮，只以「藏頭白，海頭黑」，顯出會與不會自證內生命，絕對的本來面目，冷暖自知的「祖師意」。是故禪的根本法，非是妄心言說所顯之境。

百丈懷海禪師，嗣馬祖法，住百丈大雄山。百丈開示學人，也採用馬祖：「離四句，絕百非，如何說禪？」百丈一日問侍者溈山：「併卻咽喉唇吻，作麼生道？」山云：「卻請和尚道。」丈云：「我不辭向汝道，恐已後喪我兒孫。」（《碧巖錄》第七十則）

這個問意，很明顯的，這與「離四句，絕百非，如何說禪？」其意義相同。百丈問溈山：「閉卻咽喉唇吻如何說禪？」禪，既屬絕思絕慮，言語道斷，而百丈卻要溈山超出言語思路道出禪的真實相，哪知溈山卻用逆襲的方法：「若依語言可以道出禪的真面目，那麼，就請和尚道罷！我是沒有辨法的。」這實出乎百丈意外的襲擊！但百丈也很坦然的道：「我向汝道未嘗不可，可是一說出來，將來恐怕要絕了嗣我法的子孫。」這等於說，要以言語指示給人，那便是一種學說，是一種妄想，不是教外別傳。別傳之法，是直覺的妙悟，是絕思絕慮的根本法。若依言語相傳，不但落於知見，並要斷絕眾生的慧命。由此得知，五祖之所以未將大法傳給神秀，六祖之所以要訶斥神會，其主要的原因，就是因他兩人未能「見性」。所以禪不在言說之間，而重在「見性」。

五、神會與六祖的思想

神會與六祖的距離，即在見性問題上。試觀敦煌本《壇經》說他：「又有一僧，名神會，南陽人也。至曹溪山禮拜，問言：『和尚坐禪，見亦不見？』大師起，把打神會三下，卻問神會：『吾打汝痛不痛？』神會答言：『亦痛亦不痛。』六祖言曰：『吾亦見亦不見。』神會又問：『大師何以亦見亦不見？』大師言：『吾亦見，常見自過患，故云亦見。亦不見者，不見天地人過罪，所以亦見亦不也。汝亦痛亦不痛如何？』神會答曰：『若不痛，即同無情木石；若痛，即同凡，即起於恨。』大師言：『神會！向前見不見是兩邊，痛是生滅。汝自性且不見，敢來弄人！』禮拜，禮拜，更不言。大師言：『汝心迷不見，問善知識覓路，以心悟自見，依法修行，汝自名不見自心，卻來問惠能見否？吾不自知，代汝迷不得。……』神會作禮，便為門人，不離曹溪山中，常在左右。」

據此，則知敦煌本《壇經》，未必出於神會一系所作，果出於神會一系的話，就不應將斥神會不見性的話列入。因為神會不見性，而與《壇經》之「直指人心，見性成佛」的精義，大相逕庭。神會在《壇經》中既被稱為小僧，又被斥為不見性，而《壇經》為直敘六祖頓悟自心本懷的教義，絕非小僧且不見性之神會所能偽造的，此其一。

凡是一種學術思想，必有其傳統性，和其創造性。此一創造性，亦可稱為革命性。神會是六祖十弟子之一，他的思想本質，不僅從六祖思想脫化而來，並且遠自於達摩祖師，又遠自於迦葉尊者，乃至遠自於釋迦牟尼佛自覺心中而來。因此，《神會語錄》中有若干部分與《壇經》相似，本不足為奇。他的思想，師承於六祖，學生承襲老師的思想，乃屬必然的現象。絕不能因神會思想較諸《壇經》思想，更為生動，更為積極性、革命性，就斷定《壇經》為神會所創造。那麼，宗寶所編之《六祖壇經》，較諸敦煌本《壇經》，不獨分門別類，增加〈機緣〉、〈宣詔〉章節，而資料更為完備，若因此說敦煌本《壇經》為宗寶所撰可乎？否乎？此其二。

考據工作，重視證據，但對證據的審核，必須具備客觀性和理智性。敦煌本《壇經》，雖為現存最古本，但考據《壇經》，絕不能以此為標準，因為許多有關六祖事蹟重要史料，敦煌本都未見載。例如法海所撰〈壇經序〉（《全唐文》九一五卷），尚書王維所撰之〈六祖碑銘〉（《全唐文》三二七卷），刺史柳宗元所撰之六祖第一碑，刺史劉禹錫所撰之六祖第二碑，以及中宗宣詔惠能赴京，詔中有安、秀二師推讓云：「南方有能禪師，密受忍大師衣法，傳佛心印，可請彼問。」等語。這些重要史料，都與六祖傳法有關，均為敦煌本所未載，都在《全唐文》中。而神會請王維所撰六祖大師碑銘未刊入敦煌本，尤耐人尋味。敦煌本果為神會或神會一系所作，則王維於唐代文壇及政界之地位，既為神會所尊敬，他為六祖所撰之碑銘，乃為表揚六祖功德，衡情論理，均應刊入敦煌本，以增加後人對《壇經》的信心，既未刊入，顯然敦煌本決非出自神會或神會一系所作。故知敦煌本更不足為考據《壇經》之依據，此其三。

敦煌本《壇經》中，明明已有四十世說，前有七代，如來為第七代，達摩為第三十五代，惠能為四十代。何以神會在滑台會上，被山東崇遠法師問到此一問題時，竟牽強附會，直把《壇經》序中的八祖菩提多羅當作菩提達摩，說其為第八祖。自如來至達摩，一千餘年之中，豈止八代？於此吾人獲得一證明，《壇經》脫稿必在神會以後，因而他不知道《壇經》中已有四十世之說，故有菩提多羅荒謬的答案。因此神會著作及其語錄均不提及《壇經》。或者《壇經》脫稿在神會以前，以古代用抄寫，未及如現代印刷方便，傳播迅速，雖有《壇經》出世，或僅傳於一方，未為神會等人所發見，故在說法之時，未能提及。故知《壇經》絕非出諸神會或神會一系之手，此其四。

有人以《楞伽師資記》及獨孤及的〈鏡智禪師碑銘〉，斷定六祖絕法嗣，更屬牽強。要之，《楞伽師資記》及獨孤及的文字，都屬北宗系統的著作，專記北宗傳承的事。以《楞伽師資記》而論，《楞伽師資記》為神秀弟子淨覺所作，由達摩至弘忍，神秀一系都以《楞伽》印心，至六祖惠能改用《金剛》印心。南北兩傳處於對立地位，《楞伽師資記》，既屬北宗系所作，專記北宗的事，對南傳惠能一系，自在排拒之列，當然未能敘及六祖及其弟子的事。

至於獨孤及〈鏡智禪師碑銘〉中敘及北傳系統：由初祖達摩傳慧可，由慧可傳僧璨，由璨傳四祖信公，信公傳至弘忍，忍公傳惠能、神秀，能公退而老曹溪，其嗣無聞焉，秀公傳普寂，寂公之門徒萬人，升堂者六十三人。由此得知，獨孤及鏡智顯屬北宗圈裡，替北宗做文字，當然強調北宗之盛（念生居士語）。對南傳採取抑制的筆法，故有「能公退而老曹溪，其嗣無聞焉」等語。要以此事來證明六祖未說《壇經》而為神會所作，顯屬斷章取意，太嫌勉強。因為這兩項證據都屬北宗圈裡人所作，絕不能以北宗的文字來證明南宗的事，也就是不能以天主教文字來證明佛教的事，胡先生亦犯了以北宗圈裡言論來證明南宗的毛病，此其五。

《壇經》，為禪學史上的鴻寶，是後世仰為眾生慧命的根源。六祖臨涅槃時，更有遺教曰：「十弟子以後傳法遞相教授一卷《壇經》，不失本宗。不稟《壇經》，非我宗旨。……得遇《壇經》者，如見吾親教。」拾僧得教授已，寫為《壇經》，遞代流行，得者必得見性（敦煌本）。神會既為六祖門人，亦當「寫為《壇經》」，或者就因此，後人誤認《壇經》為神會所撰。其實，敦煌本恐怕亦非原型《壇經》，只是今日吾人無法考證罷了。六祖所講法要，只是一個原則性、綱領，等於現今大學教授在台上所講，各學生在台下用筆記錄，整理後各各都有一篇大同小異的講稿。因此，我要提醒大家，不要因說《壇經》為神會一系所作，就有損禪學的聲價，也不要因說《壇經》為法海所集錄，就感到光輝，其實，主要還看作者見性與否，此其六。

六、永恆的人格精神

凡屬一個偉大思想家，必有其偉大人格精神。此一偉大人格精神，即是其思想的象徵。要是一個偉大思想，竟出自於一個氣量不夠恢宏，人格精神不夠光明的人，則其思想也就不夠稱為偉大而具有創造性和革命性。質言之，凡是一個人格精神不夠光明的人，則所說一切偉大思想，縱然是有創造性，和革命性的理論，都成為謊言妄語。即如今日我們崇拜朱舜水、顧亭林、王船山等人，並非崇拜其學術思想，或是他的文章做得好，實崇拜其堅定不移的反抗侵略，終身不屈不撓的偉大人格精神。試以頓悟始祖道生而論，《梁高僧傳》卷第七說他：

常以入道之要，慧解為本。故鑽仰群經，斟酌雜論。……生既潛思日久，徹悟言外，乃喟然歎曰：夫象以盡意，得意則象忘；言以詮理，入理則言息。自經典東流，譯人重阻，多守滯文，鮮見圓義，若忘筌取魚，始可與言道矣。於是校閱真俗，研思因果，乃言「善不受報，頓悟成佛」。又著〈二諦論〉、〈佛性當有論〉、〈法身無色論〉、〈佛無淨土論〉，〈應有緣論〉等，籠罩舊說，妙有淵旨，而守文之徒，多生嫌嫉，與奪之聲，紛然競起。又六卷《泥洹》先至京師，生剖析經理，洞入幽微，乃說一闡提人皆得成佛。於時大本未傳，孤明先發，獨見忤眾。於是舊學以為邪說，譏憤滋甚，遂顯大眾，擯而遣之。生於四眾中正容誓曰：「若我所說反於經義者，請於現身，即表癘疾；若與實相不相違背者，願捨壽之時，據師子座。」言竟，拂衣而遊。……後《涅槃》大本至於南京，果稱闡提悉有佛性，與前所說，合若符契。生既獲斯經，尋即講說，以宋元嘉十一年冬十一月庚子，於廬山精舍昇於法座……法席將畢，忽見麈尾，紛然而墜。端坐正容，隱几而卒。……於是京邑諸僧內慚自疚，追而信服。

於此可知生公，不但孤明先發，慧解超人，而虛懷若谷，他遭人嫌嫉、責難、排擠，然而，卻表現偉大寬容的人格精神，並坦誠的說：「如違經意，現身即表癘疾，否則願捨身時，據師子座。」後來果然於講座遷化，不但完成他據師子座誓言，亦復證明他偉大而有創造性和革命性的思想——闡提之人皆有佛性，不違經意，終於折服反對他的僧黨而一致崇敬！這是何等風度？我們再以客觀的態度，試讀《壇經》，從《壇經》中所見到六祖大師一生事蹟，足以令人感動者甚多，他與神秀競選六祖法席所書壁偈，以及慧明與他爭奪衣缽，志誠潛至曹溪盜法，張行昌（後出家名志徹）奉北宗命至曹溪行刺六祖，此三人對六祖初懷敵意頗深，然六祖以怨親平等，佛性平等，偉大人格精神感召，經其說法開示，傾心歸化南宗。因有此偉大胸懷及寬厚的德性，始獲得六祖法師。而五祖慧眼獨具，寧可將如來法身慧命付囑給一個目不識丁的樵夫，而不付給一個七百人教授神秀，這更可看出五祖「依法不依人」的慧眼。所以他的六代祖師的榮冠，並非靠取巧，或利用權勢關係取得，全憑其偉大人格精神及頓悟自性的智慧。後來中宗宣詔他赴京，他卻以病懇辭，表現出佛弟子「不親近國王大臣」的清高風度。

再來看看神會的為人，神會本是一位善於活動，而於政治極感興趣的人物。敦煌本所列十弟子，神會名居末位，而宗寶本〈付囑篇〉，神會名列弟子中第四位。六祖斥為未見性。開元二十年（七三二年），神會在滑台大雲寺設無遮大會，為天下學者定宗旨，為天下學道者定是非，「兩京法主，三帝門師」，都是假宗，唯有南宗頓悟是正傳。神會攻擊北宗，一則攻擊北宗的法統，而建立南宗的法統；一則攻擊北宗之漸修方法，而建立南宗頓悟法門。

這種大膽的挑戰，針鋒相對，涉及是非的語句，要是出自於一個普通僧徒猶可，而出自於講究內證實證傳道的高僧，則大大不可！這不獨降低他修道的身分，及在禪宗史上的地位，亦復顯出他的胸懷狹窄，氣量不夠恢宏。因此他初到北方宣傳南宗頓悟，就被普寂弟子利用權勢把他趕走。後來安祿山叛變，兩京陷落，郭子儀為籌備軍餉，鬻賣度牒，神會本是善於活動的人，於是把握政治上的機會，奔走權門，因協助籌餉有功，兩京收復，肅宗詔神會入內府供養，六祖宗風，得在北方展開。至上元元年（七六〇年）五月十三日滅度，壽九十三歲，歿後三十六年，德宗詔立神會為第七祖。由此可知神會第七祖的地位，全靠他生前奔走活動，仰賴權威所獲的勅封，並非由「祖祖相傳，心心相印」而來，這顯然失去了傳燈的真義。我們於此可依稀想像他的人格如何了。

總之，我們對古本《壇經》，當然要尊重，但也不能全信任唐本。因此，我們對敦煌寫本《壇經》，不容不採取保留態度，即如王、柳、劉三人於唐代文壇及政界所處之「一言而為天下法」的地位，胡先生當然十分清楚，他們所敘六祖畢生事蹟，絕不會虛構，也絕不容懷疑。王維曰：「則天太后，孝和皇帝，並勅書勸諭，徵赴京城。禪師子牟之心，敢忘鳳闕；遠公之足，不過虎溪。固以此辭，竟不奉詔。遂送百衲袈裟及錢帛等供養。」柳宗元曰：「其說具在，今布天下，凡言禪皆本曹溪。」劉禹錫曰：「五師相承，授以寶器；宴坐曹溪，世號南宗。學徒爰來，如水之東；飲以妙藥，差其瘖聾。詔不能致，許為法雄。」如此之事實，雖有千百萬億之胡先生，縱然對六祖傳法之事，有所懷疑，然絕不能影響到王、柳、劉三人所敘述六祖之事蹟，更不能震撼惠能大師六代祖師之榮冠。不僅如此，欲否認六祖在中國禪學史上之地位，首要推翻王、柳、劉三人在中國歷史上地位及其敘述六祖傳統之事實，否則，胡先生之應聲蟲之輩，可以休矣！今欲了解《壇經》之作者，若不從《壇經》思想體系及六祖人格精神認取，僅從其外圍考據工作，來衡量《壇經》的作者，此不獨不是體會《壇經》最上乘的工作，且永遠不能觸及此種境界的真實處（錢穆先生語）。

一九六九年八月於北投

關於《六祖壇經》真偽問題

十數年來，論對佛教文化之貢獻，當以朱斐居士出力最多，其成就亦最大，而《菩提樹》月刊之成就又不在其本身「事業輝煌」，乃在讀者之信心、見聞、智慧、慧命日漸增長。這種無形之卓越成就，非其他任何事業，任何人之造就所能及者。

今《菩提樹》月刊二〇〇期紀念來函徵文，謹述此文，用申慶賀。

近來《中央日報》副刊，常有討論《壇經》真偽文章出現。《六祖壇經》流傳一千二百餘年，是禪學史上的寶典，是集佛學中國化之鴻寶，是後世仰為眾生慧命的根源，本沒有什麼問題。

自敦煌藏書發現後，胡適之先生校勘唐宋版之《六祖壇經》，發見宋本較唐本多了三千多字，於是他對禪宗史產生一個新看法，說《六祖壇經》是神會創作的，甚至更進一步說：「六祖傳法恐怕也是千古的疑案。」這明明是破壞佛教的說法，是斷滅眾生慧命的邪見。胡先生雖然已經過世，但是他的應聲蟲仍然存在。應知《六祖壇經》只有版本問題，而沒有真偽問題。因為六祖惠能大師根本未受過教育，是一目不識丁的人，他所講的法要，由他弟子集錄而成，名曰《壇經》。至於《壇經》內容字數多少，顯然都不足影響六祖大師人格精神。

現在先談談《壇經》版本問題，然後再談《神會語錄》與《壇經》思想問題。

一、〈法寶壇經略序〉

這是唐代法海紀述六祖語要而成。法海，丹陽人，出家鶴林寺，為六祖弟子。天寶中預揚州法慎律師講席。法海所撰〈法寶壇經略序〉，後人增刪此文名為〈六祖大師緣記外記〉，其所增之事實，間有穿鑿附會之處，且文筆亦陋，宋時明教大師有校刊本，名曰《六祖法寶記》。明教大師曰：「法寶記，蓋六祖之所說其法也。」（見《鐔津文集》卷十一），至於稱經者，乃後人尊其法耳，而非六祖之本意。（見《鐔津文集》卷三）則如老子之稱《道德真經》，莊子之稱《南華真經》，以及耶教之《聖經》，回教之《可蘭經》，皆其例也。《傳燈錄》卷五，《五燈會元》卷二，《禪宗正宗》卷一，《指月錄》卷四，皆錄本經《機緣品》中一則，此外事跡無考，唯《全唐文》卷九百十五，載法海全文。於此可知法海所撰〈壇經略序〉，是現存最古之序文也。

二、《六祖大師法寶壇經》

這是元朝至正十一年辛卯（一三五一年），南海釋宗寶所編，略稱《六祖壇經》，或曰《法寶壇經》，或簡稱《壇經》。乃集錄六祖惠能大師語要所成。凡有十門：一行由，二般若，三疑問，四定慧，五坐禪，六懺悔，七機緣，八頓漸，九宣詔，十付囑。（見《大藏經》四十八冊，三四七頁）

本書初為韶州刺史韋璩囑惠能大師門人法海集錄大師語要，後來節略又有竄改，以致不見祖意大全。先是至元二十七年庚寅（一二九〇年），有比丘德異鑒於《壇經》為後人節略太多，不見六祖大全之旨，深以為嘆，他說：「德異幼年嘗見古本，自後遍求三十餘載，近得通上人尋到全文，遂刊於吳中休休禪庵，與諸勝士同一受用。」（見《大藏經》四十八冊，三四六頁）。翌年釋宗寶更校正三種異本，校正節略，並增入〈弟子請益機緣〉印行，卷首有德異〈壇經序〉。廣為闡揚《壇經》的精義……德異說：「夫《壇經》者，言簡義豐，理明事備，具足諸佛無量法門，一一法門具足無量妙義，一一妙義發揮諸佛無量妙理，即彌勒樓閣中，即普賢毛孔中，善入者，即同善財於一念間圓滿功德，與普賢等，與諸佛等。」

又有宋明教大師契嵩撰〈六祖大師法寶壇經贊〉，最後附錄法海等集〈六祖大師緣記外記〉。這是由竄改法海〈壇經略序〉而來。歷朝崇奉事蹟，柳宗元撰〈大鑒禪師碑〉，劉禹錫撰〈大鑒禪師碑〉，並〈佛衣銘〉，最末編者釋宗寶跋。他引證明教大師讚云：「『天機利者得其深，天機鈍者得其淺。』誠哉言也！余初入道，有感於斯。續見三本不同，互有得失，其板亦已漫滅，因取其本校讎，訛者正之，略者詳之，後增入弟子請益機緣，庶幾學者得盡曹溪之旨。按察使雲公從龍，深造此道，一日過山房睹余所編，謂得《壇經》之大全。」實際上，宗寶所編之《壇經》，雖較完整，但不免玉石混雜之感。

丁福保居士嘗根據明朝正統四年（一四三九年）黑口刻本，及嘉靖間五台山房刻本，以此與刻本，校勘其異同，但以正統本為優，法海所撰〈法寶壇經略序〉，尚未改為〈六祖大師緣記外記〉，其序文亦未為後人所竄亂，正統本卷尾有某氏跋語一則，近世已無傳本，語頗翔實，特抄錄於後：

㈠

宋太祖開國之初，王師平南海，劉氏殘兵作梗，師之塔廟，鞠為煨燼。而真身為守塔僧保護，一無所損。尋有制興修，功未竟，會宋太宗即位，留心禪門，詔新師塔七層，加謚大鑒真空禪師太平興國之塔。宋仁宗天聖十年，具安輿，迎師真身及衣缽入大內供養，加謚大鑒真空普覺禪師。宋神宗加謚大鑒真空普覺圓明禪師，主州復興梵剎，事蹟元獻公晏殊所作碑記具載。六祖禪師，自唐開元元年癸丑歲示寂，至大元至元二十七年庚寅歲，已得五百七十八年矣，自大元至元二十七年庚寅歲，至大明正統四年，已得六百八十年矣。時正統四年歲次己未仲秋八月中元日重刊。

㈡

嘉靖本則摘錄跋中之語，名曰〈歷朝崇奉事蹟〉，而刪其跋。正統本共分九品，曰〈悟法傳衣〉第一，嘉靖本改為〈行由〉第一，分其後半為〈般若〉第二；正統本曰〈釋功德淨土〉第二，嘉靖本改為〈疑問〉第三；正統本曰〈定慧一體〉第三，嘉靖本改為〈定慧〉第四；正統本曰〈教授坐禪〉第四，嘉靖本改為〈坐禪〉第五；正統本曰〈傳香懺悔〉第五，嘉靖本改為〈懺悔〉第六；正統本曰〈參請機緣〉第六，嘉靖本改為〈機緣〉第七；正統本曰〈南頓北漸〉第七，嘉靖本改為〈頓漸〉第八；正統本曰〈唐朝徵詔〉第八，嘉靖本改為〈宣詔〉第九，近刻本又改為〈護法〉；正統本曰〈法門對示〉第九，嘉靖本改為〈付囑〉第十；其間字句之不同者，尤不勝枚舉。

竄改古書，始自北宋，凡於疑文脫簡者，輒以己意加以改竄，以致古書六經，幾無完本，於是波及叢林，《六祖壇經》，亦不能例外。凡有言其錯簡者，則移其次第；有言其脫簡者，則以他書補入；但所竄改者，均屬小節，絕不涉及其思想問題。故知《壇經》之竄改，當在正德嘉靖年間。因明人好竄改古書，已蔚成風氣，不獨於《壇經》如此，舉凡五經四書，幾無完本。

三、《南宗頓教最上大乘摩訶般若波羅蜜經六祖惠能大師於韶州大梵寺施法壇經》一卷

這是敦煌藏書所發現的古本，亦即所謂「敦煌本《壇經》」，亦為法海集記。敦煌本《壇經》，要比宗寶本《壇經》，頗為簡略，又不分部門，且闕少〈機緣〉第七、〈宣詔〉第九兩章文字。這是現存最古《壇經》，宗寶本《壇經》，章節雖明，由於玉石混淆，以致後世對本書不少疑似處。例如最後敘其事蹟：「係載唐尚書王維、刺史柳宗元、刺史劉禹錫等碑。守塔沙門令韜錄。」即此數句，不無推敲處。神會請王維撰六祖碑銘，令韜尚在，故得見之，但柳宗元、劉禹錫之時，則去六祖遷化已百餘年，其所撰之碑，決非令韜所及見者，故知柳、劉兩人之名，顯屬後人竄入無疑。其次《壇經》中〈真假動靜偈〉，《傳燈錄》、《五燈會元》、《正宗記》等皆未載錄，此偈唯古本刊載，今宗寶本所載，亦係後人竄入。因此，胡適之先生用考據工作，校對唐宋版本，發現宋本多了三千多字，於是「懷疑六祖傳法恐怕也是千古疑案」，其實，豈獨《壇經》為然，宋以後五經四書，要是一一加以校對，那一部子書不多若干字數？

四、《神會語錄》與《壇經》思想問題

敦煌藏經發見後，大批古書，包括儒釋道三家經書，都被英人斯坦因、法人伯希和利用金錢向看守王道士半買半偷，運回歐洲。胡適之先生又從法國巴黎圖書館把《神會和尚語錄》抄回，加以校對，於是發現《神會語錄》與《六祖壇經》中若干重要部分相類似，於是胡先生發出他的創見（可曰謬見）說《六祖壇經》係神會的傑作，這不獨否認惠能大師於禪宗史的地位，且否認了達摩祖師，乃至西天二十八祖，遠之於迦葉尊者，於禪宗史上的地位。這一個否認，不獨使整個禪宗傳法系統垮台，則所有禪宗祖師語錄，都成為妄語、謊言！

考據工作，雖在學術史上有它的地位，絕不能涉及學術思想問題。例如我們用考據工作，考據《論語》古今版本則可，絕不可涉及到孔子人格精神。要是因考據《論語》字數多少因而否認孔子人格精神，就等於否認了中國文化五千年來的道統。同時，凡是一種學術思想，必有其傳統性，和其創造性。神會是六祖的弟子，他的傳統思想的本質，不僅從六祖思想脫化而來，並且遠自之於達摩祖師，又遠自於西天二十八祖，更遠自於迦葉尊者，乃至遠自於釋迦佛陀思想脫化而來，絕不能說神會創立了《壇經》思

想。

例如我們今日考據國父三民主義思想的本質，國父的思想來自於中國五千年來的道統，但國父思想，不特富有創造性和建設性，並且富有革命性，較中國之固有傳統的思想，更為生動，更為積極。但這個更為生動的革命思想並非來自於外國，乃來自於固有傳統思想，假使我們因國父思想富有革命性就說中國五千年來的文化道統，是國父創造的，那不成為天大的笑話嗎？因此，《神會語錄》中有若干部分與《壇經》相似，這是不足為奇。

神會本來師事神秀，後南下往謁六祖，時僅十四歲，故稱荷澤寺小僧。後又北遊，在西京受戒，又再來嶺南，直至惠能圓寂，其時神會二十七歲，故《壇經》稱其為小僧。神會請王維為六祖撰碑銘，王維則稱其聞道於中年，遇師於晚景，及神會在滑台大雲寺設無遮大會，宣布南宗宗旨「兩京法主，三帝門師」都是假宗，唯有他的老師惠能才是正宗，當時神會敢在北方，大膽提倡南宗的傳統，顯然全仰仗《六祖壇經》的力量。神會在北方雖得到官廳幫忙，得以在北方展開宣傳南宗頓悟禪風，但此後禪宗流傳，究竟還是南方遠勝於北方。

我們試看從六祖以下演出青原行思、南嶽懷讓，乃至五家七派。誠如德異〈壇經序〉曰：

《法寶壇經》，大師始於五年，終至曹溪，說法三十七年，霑甘露味，入聖超凡者，莫記其數。悟佛心宗，行解相應，為大知識者，名載傳燈。唯南嶽青原，執侍最久，盡得無巴鼻，故出馬祖、石頭，機智圓明，玄風大震，乃有臨濟、溈仰、曹洞、雲門、法眼諸公，巍然而出，道德超群。門庭險峻，啟迪英靈，衲子奮志衝關，一門深入，五派同源，歷遍爐錘，規模廣大，原其五家綱要，盡出《壇經》。

於此可知《壇經》於禪宗史上地位之重要性。

從神會門下演出的僅及四傳，至宗密而已，宗密不僅為知解宗徒，且為知解教徒，於是宗門落草更深，更不復見離言妙悟的真善知識。至此，吾人應知今日禪門究竟受六祖影響？還是受神會的影響？這是值得研討的。

今從敦煌本《壇經》，試舉兩條涉及神會思想較重要部分，而絕對不相同者。其有一條曰：「又有一僧，名神會，南陽人也。至曹溪山禮拜，問言：『和尚坐禪，見亦不見？』大師起，把打神會三下，卻問神會：『吾打汝痛不痛？』神會答言：『亦痛亦不痛。』六祖言曰：『吾亦見亦不見。』神會又問：『大師何以亦見亦不見？』大師言：『吾亦見，常見自過患。故云亦見。亦不見者，不見天地人過罪，所以亦見亦不也。汝亦痛亦不痛如何？』神會答曰：『若不痛，即同無情木石；若痛，即同凡，即起於恨。』大師言：『神會！向前見不見是兩邊，痛是生滅。汝自性且不見，敢來弄人！』禮拜，禮拜，更不言。大師言：『汝心迷不見，問善知識覓路，以心悟自見，依法修行，汝自名不見自心，卻來問惠能見否？吾不自知，代汝迷不得。』」

這顯然指斥神會思想不見自性，而與《壇經》之直指人心，見性成佛之精義，相去甚遠。而六祖又特別重視《壇經》明心見性的要旨，在他臨涅槃時，大師言：「十弟子以後傳法，遞相教授一卷《壇經》不失本宗，不稟授《壇經》，非我宗旨。如今得了，遞代流行，得遇《壇經》者，如見吾親授。」拾僧得教授已，寫為《壇經》，遞代流行，得者必當見性。（敦煌本《壇經》）

可知六祖是如何重視《壇經》，拾僧得教授已，寫為《壇經》，神會是六祖門人，亦當「寫為《壇經》」，因而後人誤認《壇經》為神會所撰。

《壇經》如何重視明心見性？法海又曰：「大師今去，留付何法？令後代人如何見佛？」六祖言：「汝聽！後代迷人，但識眾生，即能見佛。若不識眾生，覓佛萬劫不得見也。吾今教汝識眾生見佛，更留見真佛解脫頌。」這明明又是指斥不見自性之神會輩而言。眾生與佛只在迷悟之間，故曰：「迷即佛眾生，悟即眾生佛。」

又有一條曰：法海向前言：「大師！大師去後，衣法當付何人？」大師言：「法即付了，汝不須問。吾滅後二十餘年，邪法遼亂，惑我宗旨，有人出來，不惜身命，弟佛教是非，豎立宗旨，即是吾正法，衣不合傳。」

這段文為後世各本所闕，獨見敦煌本《壇經》，顯然係神會門徒所竄入，或即神會本人所竄改，以抬高他的身價。神會果得六祖頓悟正傳，何以南宗諸祖只知尊重六祖，而不知尊重神會，豈不都成為無知，全非正傳嗎？

我們要從考據工作評論《壇經》思想問題，顯然是不夠徹底。我們研究《壇經》思想，必須於《壇經》熟讀、深讀、精讀，然後再經過一番思索、體認的工夫，庶可於《壇經》內證思想獲得深一層的了解。

凡屬一個偉大純潔的思想家，必有其偉大人格精神存在，這一偉大人格的精神，即是其思想的象徵。要是一個偉大而具有創造性和革命性的思想，卻出自於一個氣量不夠恢宏，人格精神不夠純潔的人，則其思想也就不夠稱為偉大而具有創造性和革命性。換句話說：凡是一個人格精神不夠純潔的人，則所說一切偉大思想，縱然具有創造性，和革命性的理論，都成為謊言妄語。今日我們敬佩朱舜水、顧亭林、王船山等人，並非因他們文章做得好，思想活潑，善於巧辯，而實崇拜其終身不仕二主偉大純潔的人格精神。所以達摩大師謂今之「說理者多，悟理者少」，就是由於說者，只知在嘴上談兵，而沒有內證完整人格精神。我們以純客觀態度試讀《壇經》，從《壇經》中所敘述六祖一生事蹟，以及他與七百人教授競選六祖法席所題壁偈，就可窺見他從偉大人格精神及其內證光明純潔的胸懷，發出偉大「本來無一物」的思想。而五祖氣量恢宏，寧可把如來法身慧命付囑給一個目不識丁的樵夫，而不付給一個七百人的教授神秀，這更可看出五祖「依法不依人」的偉大人格精神。所以他的六代祖師榮冠，並非靠權勢，或利用政治關係所取得，純憑其偉大卓越的智慧及內證工夫。後來他為南宗頓悟禪祖師，則天、中宗馳詔迎請他入京供養，他卻稱病懇辭，這種不違佛囑，秉奉「不親近國王大臣」遺教的操持，又是何等偉大而高超！

我們再來看看神會一生的事蹟，他是以「好辯」、「善於活動的人物」見稱，六祖斥其為知解宗徒。開元二十二年（七三四年），神會在滑台大雲寺設無遮大會，為天下為者定宗旨，為天下學道者定是非，「兩京法主，三帝門師」，都是假宗，唯有南宗頓悟是正傳。神會攻擊北宗，一則攻擊北宗之法統，而建立南宗之法統，一則攻擊北宗之漸修方法，而建立南宗頓悟法門。

這種針鋒相對、氣量狹窄的語句，要是出自於名利場中一般學者猶可，若是出自於講究內證實證的傳道高僧，則大大不可。這不獨降低他修道的身分，亦復顯出他的胸懷狹窄，氣量不夠恢宏。由於胸懷狹窄，陷於是非，所以初到北方宣傳南宗頓悟，就被普寂弟子利用權勢把他趕走。後來安祿山叛變，兩京陷落，郭子儀為籌備軍餉，鬻賣度牒。神會本是善於奔走活動的人物，於是利用政治上關係，奔走權門。因協助籌餉有功，兩京收復，肅宗詔神會入內府供養，於是六祖之宗風大振於北方。至上元元年（六七四年）五月十三日滅度，壽九十三歲。歿後越三十六年，德宗詔立神會為第七祖。由此可知神會第七祖的地位，全憑他生前善於利用權威取巧，而獲得的報酬——

「勅封」，並非憑他卓越內證智慧及偉大純潔思想取得，就此一端，我們就依稀想像他的人格一斑了。我們要是不從《壇經》思想體系及六祖偉大純潔人格精神去認取，僅從外圍考據工作，來衡量《壇經》作者，這不獨不是體會《壇經》思想最上乘工夫，而是避重就輕投機取巧的作風。學術是代表一種真理，真理是純潔的，白，就是白，黑，就是黑，絕不是利用權威，或投機取巧的手腕，就能影響到真理本身。權勢、取巧，是短暫的，不是永遠的，神會利用一時機會，取得勅封第七祖，在後人看來，這是他一生最大的污點，而不是他永遠的光榮。

智慧海 52

禪學真義

THE TRUE MEANING OF CHAN

著者	東初老和尚
出版者	法鼓文化事業股份有限公司
編輯總監	釋果賢
主編	陳重光
編輯	張晴
封面設計	誠實設計
內頁美編	小工
地址	臺北市北投區公館路186號5樓
電話	(02)2893-4646
傳真	(02)2896-0731
網址	http://www.ddc.com.tw
E-mail	market@ddc.com.tw
讀者服務專線	(02)2896-1600
初版一刷	2011年11月
初版二刷	2012年1月
建議售價	新臺幣150元
郵撥帳號	50013371
戶名	財團法人法鼓山文教基金會—法鼓文化
北美經銷處	紐約東初禪寺 Chan Meditation Center (New York, USA) Tel: (718)592-6593 Fax: (718)592-0717

法鼓文化

國家圖書館出版品預行編目資料

禪學真義 / 東初老和尚著. -- 初版. -- 臺北市：
法鼓文化, 2011. 11
面； 公分
ISBN 978-957-598-570-7（平裝）

1. 禪宗

226.6 100019775